Confusing Words 2

영어 어휘의 미묘한 속뜻 차이

Confusing Words 2

영어 어휘의 미묘한 속뜻 차이

임윤경 지음

This book is dedicated to my husband, Jongsu, whose unwavering dedication and inspiring presence have been my guiding light along the path of completing this book.

PROLOGUE

  한국어도 그렇지만 영단어에는 표면적으로는 서로 의미가 같아 보이지만 미묘하게 다른 것들이 상당히 많다. 영한사전의 뜻풀이만으로는 명확하게 구별이 안 되다 보니 글이나 말에서 잘못 사용되는 경우가 자주 발생한다. 예를 들어, *action*과 *behavior*, *avoid*와 *evade*, *center*와 *middle* 등과 같은 단어들은 얼핏 비슷하게 보이거나 사전적 의미만으로는 구별하기 어려울 수 있다. 이들은 각각 내포된 의미나 쓰임이 다르다. 이러한 단어들에 대한 정확한 이해 없이 사용하게 되면 일상에서는 큰 문제가 되지 않겠지만, 사용자 스스로가 모호함의 늪에서 빠져나오지 못할 수도 있다.

  저자는 오랫동안 영어 교육 분야에서 학생들에게 전공 원서를 읽히거나 말하기, 쓰기 지도를 하는 과정에서, 영어 학습자들이 문법적인 측면뿐 아니라 어휘 사용에 있어서 발생하는 숱한 오류 등을 꾸준히 관찰해 왔다. 그리고, 영한사전에 의존해서 speaking을 하거나 writing을 하는 습관의 한계를 인지하고, 한국 학생들이 자주 혼동하는 영단어의 의미와 쓰임을 보다 명확하게 정리해서 제시해 줄 필요를 절실하게 느껴 왔다.

  이 책에서는 철자나 의미가 비슷해 보여 혼동을 줄 수 있는 두 개 이상의 영단어의 차이점을 구별하는 데 있어서, 명시적 의미denotation와 내포적 의미connotation, 뉘앙스nuance를 중심으로 서로 비교, 대조해서 설명하고 있다.

*denotation*과 *connotation*은 단어와 문구의 의미를 나타내는 중요한 개념이다. denotation은 단어의 사전적 정의, 문자적 의미, 명시적 의미로서, 단어가 갖고 있는 기본 의미를 말한다. 반면 connotation은 단어에 내포된 의미 또는 암묵적 의미로서, 단어가 가지고 있는 문자적 의미 외의 추가적인 의미가 될 수도 있고, 단어에 담긴 정서적, 비유적 의미를 가리키기도 한다.

*house*와 *home* 두 단어를 예를 들어 설명하자면, 우선 house는 '주거하는 장소로 사용되는 물리적 구조물'이고, home은 '사람이 혼자 또는 (가족) 구성원과 사는 곳'이라는 denotation을 지니고 있다. 이들은 유의어이지만, 서로 다른 connotation을 가지고 있다.

> **a.** We installed a gutter on the roof of the *house*.
> 우리는 집 지붕에 거터(처마 물받이)를 설치했다.

> **b.** After work, I went straight *home* and sank into my couch, enjoying a cold beer.
> 퇴근 후, 나는 바로 집에 가서 소파에 파묻혀 차가운 맥주를 즐겼다.

위 예문에서 보이는 것처럼, house는 '주거용으로 사용되는 물리적 구조물'이라는 다소 중립적인 느낌의 의미를 내포하는 반면, home은 그 단어 안에 편안함과 따뜻함, 안식을 주는 느낌이 들어 있기도 하다. 우리가 house에 들어갈 수는 있지만, 그곳이 반드시 나의 home은 아니듯이, home은 편안함을 주는 대상으로서 나의 마음이 있는 곳, 또는 내가 소속감을 느끼는 추상적인 개념으로 쓰일 수 있다는 면에서 house와 구별된다.

물론 connotation이 주는 비유적, 정서적 의미는 개인에 따라 또는 문맥이나 문화에 따라 달리 해석될 수도 있다. 예를 들어, *chicken*의 사전적 의미는 '육용과 산란용을 목적으로 가금으로 사육되는 조류의 한 종류'라고 하겠으나, chicken에는 명사로 쓰일 때, '겁쟁이'라는 뜻이 내포되어 있어서, *chicken out*이라는 표현에는 '겁을 먹고 그만두다', '지레 도망가다'라는 부정적인 의미가 부여되기도 한다. 그리고 병아리를 뜻하는 *chick*이 영화의 속어인 *flick*과 결합된 *chick flick*은 '여성 취향의 영화, romantic comedy나 눈물을 짜내는 내용의 영화'라는 뜻의 다소 여성 비하적 표현이다.

한편, 우리나라에서 '닭대가리'라는 표현은 실제 닭의 지능과는 관계없이, 기억력이 안 좋거나 머리가 나쁜 사람을 경멸적으로 일컬을 때 사용되어, 닭이 갖는 이미지가 달리 쓰이고 있음을 볼 수 있다. 그러나 개인과 문화에 따라서는 상서롭고, 번영과 발전의 상징으로서 긍정적인 이미지를 부여하기도 한다.

connotation은 '뉘앙스'나 '어감'이라는 단어와 교체되어 사용되기도 하는데, nuance는 단어나 표현에 있어서의 미묘한 차이를 가리키며, 단어의 기본적인 뜻 외에 추가적인 의미 또는 단어에 담긴 속뜻이라는 점에서 connotation의 범주에 속한다고 할 수 있다. 뉘앙스는 특히 어조라든가 소리의 강세, 어떻게 말하는가에 따라서도 단어의 의미가 달리 해석되기도 한다.

예를 들어, *Okay*는 다양한 품사와 다양한 의미로 사용되는 대표적인 단어인데, 어떤 어조tone로 말하느냐에 따라서도 전달되는 의미나 뉘앙스가 달라질 수 있다.

Son: Dad, can I use your car tomorrow?

Dad 1: Okay.

Dad 2: Okay!

Dad 3: Okay...

위와 같은 대화에서, Dad 1의 중립적인 어조의 "Okay."는 가벼운 승낙의 의미가 될 수 있고, Dad 2의 "Okay!"에서는 흔쾌한 승낙의 의미가 느껴진다. 반면, Dad 3의 주저하는 듯한 말투의 "Okay..."에는 "I'm not sure if that's a good idea."라는 말이 포함될 수 있을 법한 회의적인 뉘앙스가 느껴진다.

이 책에서는 위와 같이 어조나 강세, 또는 개인이나 문화에 따라 달라질 수 있는 어휘의 차이점들을 기술하는 것은 거의 배제하였고, 일반적, 객관적으로 해석되는 속뜻과 뉘앙스에 준해서 기술하도록 노력했다.

비교나 대조되는 단어들의 의미를 설명할 때 다양한 예문을 통해 각 단어의 의미가 명확히 이해될 수 있도록 애썼다. 그러나 이 책은 의미와 용법에서 공통점과 차이점이 있는 단어들을 함께 묶어 설명하는 데 중점을 두었기 때문에, 각 단어가 가진 확장된 의미나 용법 등을 일일이 나열하지는 않고 있다.

비교 또는 대조하는 단어들의 배열에서는 alphabet 순서로 나열하는 것을 기본으로 하면서, 더 흔히 쓰이는 단어나 눈에 더 띄는 단어를 우선적으로 배치하기도 했다.

이 책에 소개된 각 단어들의 속뜻의 차이점을 제시하는 데 있어서 본 저자의 주관을 최소화하기 위해, 다양한 사전과 말뭉치의 예문들에 나타난 의미와 교차 점검해 가면서 기술하려고 노력했다. 그럼에도, 저자의 잘못된 판단이나 주관이 개입된 부분이 있을 수 있다는 점을 미리 밝히고 싶다. 영어 공부에 진심인 독자들의 섬세한 비판을 받을 수 있기를 바란다.

영어 학습자들은 글을 쓰거나 말을 할 때 어떤 단어를 선택해야 하는가에 있어서 어려움을 겪게 마련이다. 단어들 간의 미묘한 속뜻의 차이점들을 구별하는 능력은 가능한 많은 텍스트를 접하고 독서를 꾸준히 하다 보면 자연스럽게 길러진다. 단어에 내포되어 있는 의미와 용법이 궁금할 때는 사전이나 코퍼스corpus를 참조하는 것도 도움이 될 수 있다. 영어 학습 과정에서 영어가 지닌 비슷한 단어들의 내포된 의미나 뉘앙스를 기술해 놓은 참고서가 필요했다면 이 책이 조금이라도 도움이 될 수 있기를 바라는 마음이다.

일러두기

이 책에서는 단어의 의미와 사용에 있어 유사점이 있어 혼동하기 쉬운 단어들을 예문과 함께 설명하고 있습니다. 그렇지만, 해당 단어의 모든 의미와 용법을 다루지 않고 있음을 밝혀 둡니다.

CONTENTS

Part 02

■ 재미있는 영단어 이야기

PART
01

A ~ W

☑ ability vs capability vs capacity vs skill

*ability, capability, capacity, skill*이 갖고 있는 공통된 의미는 '능력'
이다. 이 네 단어 중, ability와 capability의 의미가 좀 더 비슷하고,
capacity와 skill은 나머지와 좀 더 구별이 되는 편이다.

일단, ability와 capability는 둘 다 선천적으로 타고났거나 경험이나 훈
련을 통해 습득한 능력을 가리킨다는 점에서 공통점이 있다.

이 두 단어의 차이점을 들자면, ability가 구어체로든 문어체로든 흔하게
쓰이는 반면, capability는 공식 석상에서 격식을 갖춰 말하고 싶을 때 선
호하는 단어이고, 비즈니스나 기술 분야 등에서 더 많이 사용한다는 것이다.

> **a.** Peter has natural *ability/capability* to make friends with
> strangers easily.
>
> 피터에게는 처음 만나는 사람들과 금방 친해지는 천부적 능력이 있다.

b. He has the *ability* to speak multiple languages fluently.

그는 여러 언어를 유창하게 구사할 수 있는 능력을 가지고 있다.

c. Her *capability* in speaking multiple languages is a valuable asset to the company.

그녀가 여러 언어를 구사할 수 있는 능력은 기업에서 귀중한 자산이다.

capability는 어떠한 일을 수행할 수 있는 '가능성'이나 '역량'의 의미도 포함하고 있는데, 사람뿐만 아니라 기계나 조직, 기관 등이 갖고 있는 잠재력을 가리킬 때도 사용된다.

d. This new machine has the *capability* to produce high-quality products at a faster rate.

이 새로운 기계는 더 빠른 속도로 고품질 제품을 생산할 수 있는 능력을 갖추고 있다.

한편, capacity는 '수용 능력', '용량'의 의미를 담고 있고, 사람, 사물에 모두 적용할 수 있다. 어떤 것이 생산, 또는 수행할 수 있는 최대의 양, 또는 그것이 담거나 수용할 수 있는 최대의 양이나 인원수를 가리킨다. capacity는 어떤 사물이 갖는 물리적, 또는 측정 가능한 속성을 가리킨다는 면에서 ability나 capability와는 차이가 있다.

e. She has a great *capacity* for learning and is always eager to try new things.

그녀는 학습 능력이 뛰어나고 늘 새로운 것을 시도하려는 데 열심이다.

f. The auditorium has a *capacity* of 1,000 audience members.

그 강당은 1,000명의 청중을 수용할 수 있다.

skill은 '능력'과 '기술'로 풀이되는데, 대개는 ability와 서로 바꾸어 써도 의미의 차이가 없는 경우가 많다.

g. Using this simple technique, you can improve your reading *ability/skills* to a great degree.

이 간단한 방법을 이용해서 여러분은 읽기 능력을 월등하게 향상시킬 수 있다.

그러나, ability는 앞에서 언급한 대로, 선천적으로 또는 후천적으로 지니게 되는 능력을 의미하는 반면에, skill은 (타고나는 능력을 가리키기보다는) 일반적으로 연습이나 학습을 통해 발전시키는 기술을 의미한다. 다시 말해, **학습된** 능력이나 기술을 가리킨다. ability와 비교했을 때, skill에는 '숙련도', '솜씨', '전문성'과 같은 어감이 포함되어 있다.

h. He improved his public speaking *skills* through extensive years of training and practice.

그는 수년간의 훈련과 연습을 통해 연설 능력을 향상시켰다.

i. She has excellent cooking *skills* and can prepare a variety of dishes with remarkable speed.

그녀는 요리 솜씨가 뛰어나 다양한 요리를 놀라운 속도로 준비할 수 있다.

☑ accept vs admit

*accept*와 *admit*는 사실이나 진실을 '받아들이다', '인정하다' 등으로 풀이되는데, 쓰임이 조금씩 다르다.

accept는 조건, 제안, 상황을 받아들이다, '수락하다', '(어떤 사실을) 인정하다', '시인하다' 등의 의미를 지닌다. 이때 기꺼이 또는 마지못해 받아들이는 경우를 다 포함한다.

a. He refused to *accept* their generous offer.

그는 그들의 관대한 제의를 받아들이기를 거절했다.

> **b.** I *accept* that I made a mistake and I apologize.
>
> 제가 실수한 것을 *인정*하고 사과드립니다.

accept는 또한 '(어디에) 들어가게 하다'의 의미도 있다.

> **c.** She was *accepted* by a prestigious university.
>
> 그녀는 명문대에 *합격*했다.

반면 admit는 사실, 범행, 잘못 등 일반적으로 부정적인 것을 '인정하다', '자백하다'의 의미가 있다. accept의 반대말은 거절하다(refuse)가 될 수 있고, admit의 반대말은 deny가 될 수 있다. 그래서, 어떤 사실이나 잘못을 admit하지 않지만 accept하는 경우가 있는가 하면(예문 d), 어떤 사실이나 잘못을 속으로는 accept하더라도 겉으로는 admit하지 않는 경우도 있을 수 있다(예문 e).

> **d.** He did not want to *admit* that his wife had left, but eventually he *accepted* the reality and started to move on.
>
> 그는 아내가 떠났다는 사실을 *인정*하고 싶지 않았지만 결국 현실을 *받아들이고* 극복하기 시작했다.

e. She may have privately *accepted* that she had an addiction problem, but she did not publicly *admit* it or discuss it with others.

그녀는 자신이 중독 문제가 있다는 사실을 개인적으로 *받아들였을지* 모르지만, 공개적으로 *인정하거나* 다른 사람과 논의하지 않았다.

☑ action vs behavior

*action*과 *behavior*는 둘 다 '행동'이라는 뜻을 공통적으로 지니며 서로 대체해서 쓸 수 있으나, 내포된 의미가 조금 다르다.

*action*은 '행동'으로 풀이되며, 일반적으로 의도나 목적성을 지니고 목표를 이루기 위해 행동함을 뜻한다.

a. The government started to take *action* to protect endangered species.

정부는 멸종 위기에 처한 종을 보호하기 위한 *조치*를 시작했다.

b. They will take *action* if they do not achieve what they have wanted.

그들은 자신들이 원하던 것을 이루지 못하면 *행동*을 취할 것이다.

한편, behavior는 '행동(눈에 보이는 것)', 또는 '행위(눈에 보이지 않는 것)'로서 풀이되고, 행하는 방식을 흔히 가리킨다. 다시 말해, behavior는 의도나 목적이 없는 움직임, 또는 동물이나 인간의 반복적인 행동이나 행위를 가리키기 때문에, 어느 정도 패턴이 형성된 것을 의미할 때가 많다.

c. The teenager's *behavior* may not be consistent with older norms.

10대들의 행동은 나이 든 사람들의 기준과 일치하지 않을 수 있다.

d. This treatment will reduce problematic *behavior* in children with autism.

이 치료는 자폐 아동의 문제 행동을 감소시킬 것이다.

✅ 영화감독들이 배우들에게 연기를 시작하라는 뜻으로 "Action!"이라고 외치는 것을 볼 수 있지만, "Behave!" 또는 "Behavior!"라고는 하지 않는다. 참고로, "(Please) Behave!"라는 표현은 주로 어린아이들을 야단칠 때 "행동 똑바로 해!" 또는 "좀 얌전히 있어!"의 의미로 쓰인다.

☑ affect vs effect

*affect*와 *effect*는 서로 관련되어 있어 흔히 혼동하는 두 단어이다.
affect와 effect는 동사로 쓰였을 때, '변화를 일으키거나 무언가에 영향을
주다'라는 뜻을 지닌다. 그러나 이 두 단어에는 약간의 차이점이 있다.

affect는 무언가에 '영향을 끼치다'라는 의미로서 긍정적이든 부정적이든
영향을 주는 것을 가리킨다.

---

a. The cold weather *affects* the crops.

추운 날씨는 농작물에 영향을 끼친다.

---

b. The new law will *affect* the way we do business.

새로운 법은 우리가 사업을 하는 방식에 영향을 미칠 것이다.

한편, effect는 동사로 쓰일 때, 변화나 결과를 '가져오다', 또는 '성과를 내
다'라는 의미를 지니며, 명사로는 변화의 '결과', '효과', '영향' 등을 뜻한다.
affect가 '영향을 주다'의 의미를 갖는 *influence*와 더 유사한 반면, effect
는 변화의 '결과'를 나타내는 *bring about*과 더 비슷한 의미로 쓰인다.

c. They are trying to *effect* a change in the company's policies.

그들은 회사 정책의 변화에 영향을 주려고 하고 있다.

d. The *effect* of the medicine was immediate.

약의 효과는 즉각적이었다.

이 둘은 명사로 쓰였을 때는 의미가 매우 상이하다. affect는 '정서'의 뜻으로, 그리고 effect는 '효과'의 의미로 쓰인다.

e. The *affect* of the students can be *affected* by the teacher's tone of voice.

학생의 정서는 교사의 어조에 의해 영향을 받을 수 있다.

f. The *side effect* of this medicine is too significant to overlook.

이 약품의 부작용은 간과하기에는 너무 중대하다.

☑ alter vs change

*alter*와 *change*는 '바꾸다', '변경하다'의 뜻을 갖는 단어로, 서로 바꾸어 사용해도 큰 의미 차이는 없다.

> **a.** She *altered/changed* her plans for the weekend.
> 그녀는 주말 계획을 *변경*했다.

다만, alter는 어떤 것을 약간 수정하거나 조정하여 좀 더 나은 방향으로 조정하는 것을 가리키며, 그 안에 구체적인 의도나 목적성이 내포되어 있다.

> **b.** The dress was *altered* to fit her perfectly.
> 그 옷은 그녀에게 완벽하게 맞도록 *고쳐졌다*.

> **c.** He *altered* his van to add more storage space for his camping trips.
> 그는 캠핑 여행을 위해 짐칸을 더 늘리기 위해 그의 밴을 *개조했다*.

change는 '고치다', '바꾸다', '변하다'의 의미로 흔히 쓰이고, 작은 변화나 큰 변화를 모두 가리킨다. 일반적으로, change 뒤에 어느 정도까지 변화되었는지 수식어를 넣어서 변화의 정도를 좀 더 구체적으로 기술하기도 하지만(예: *changed a lot, changed a little*), 뒤에 수식어가 없이 사용할 경우에는 대개 완전히 바꾸거나, 중대한 변화를 암시할 수도 있다.

> **d.** Fast-developing technology requires us to *change* our approach.
>
> 빠르게 발전하는 테크놀로지는 우리의 접근 방식을 *바꾸도록* 요구하고 있다.

change는 또한 '옷을 갈아입다'라는 의미로도 쓰이는데, 이 경우에는 change 뒤에 into가 종종 따라 나온다.

> **e.** She *changed* into a different dress.
>
> 그녀는 다른 옷으로 *갈아입었다.*

예문 e의 경우 외에도, 다음과 같은 경우에 change 대신 alter를 사용하면 부자연스럽거나 이상하게 들릴 수 있다.

> **f.** A week later, I *changed* my mind.
>
> 일주일 후, 나는 마음을 *바꿨다.*

> **g.** You have to *change* buses to go to the stadium.
>
> 경기장에 가려면 버스를 *갈아타야* 해요.

☑ attempt vs try

attempt와 try는 둘 다 '시도하다', '노력하다'라는 동사로도 쓰이고, '시도'라는 명사로도 쓰이는데, 내포된 의미에 아주 미묘한 차이가 있어서 구별해서 사용해야 하는 경우가 있다.

attempt는 무엇인가를 하려고 '시도하다'의 뜻을 지니고, try에 비해 formal한 표현이라서 문어에서 더 많이 쓰인다. several attempts라고 하면 일반적으로, 먼저 시도한 것이 성공을 거두지 못해 '몇 번을 다시 시도해 보는 것'을 의미한다.

> **a.** The athlete made several *attempts* to break the world record.
>
> 그 선수는 세계 기록을 깨기 위해 여러 번 시도를 했다.

try는 attempt와 마찬가지로 '시도하다'의 뜻을 갖는데, 좀 더 informal한 느낌이 강하다.

> **b.** I *tried* to call you several times.
>
> 나는 너에게 전화하려고 몇 번을 시도했다(결국 통화를 못 했다).

try는 '노력하다'의 의미로도 쓰여서, '열심히 노력하다'라는 뜻의 *try hard*라는 표현이 가능하다. 반면, *attempt hard*라는 표현은 어색하고 부자연스럽다.

> **c.** He *tried* hard to get A in Dr. Kim's class. (O)
>
> 그는 김 교수님 수업에서 A를 받으려고 열심히 노력했다.

> **d.** He *attempted* hard to get A in Dr. Kim's class. (X)

✅ attempt와 try가 명사로 쓰일 때, 앞에 놓이는 동사도 서로 다른 것을 취한다. attempt는 관용적으로 *make an attempt*처럼 make와 함께 쓰이는 반면, try는 *have*를 취해서 *have a try*의 형태로 쓰인다.

☑ attitude vs demeanor

*attitude*는 '태도'로, *demeanor*는 '자태', '몸가짐' 등으로 풀이된다. 일반적으로 사람의 겉으로 나타난 행동behavior, 표정facial expressions, 말투tone of voice, 동작posture or body language 등을 보면서 우리는 그 사람의 attitude와 demeanor를 판단할 수 있다.

attitude는 사람이나 동물의 기분이나 생각 등을 포함한다. 사람, 사물이나 어떤 사안에 대한 attitude가 쌓이다 보면 그 사람의 성격이나 성향을 만드는 데 영향을 줄 수 있다. attitude가 별도의 수식어를 앞에 동반하지 않고 단독으로 쓰이면 때로는 부정적인negative 태도를 일컫는다. 일상 대화에서, "He's got some attitude."라고 하면 맥락에 따라서 "그는 좀 거만스러워 보인다."라는 뉘앙스로도 전달될 수 있다.

상황이나 그 사람의 현재 정신적 상태에 따라 달리 보일 수 있는 attitude와 달리, demeanor는 대개 지속적이고 일관성 있는 모습으로 다른 사람들에게 비칠 수 있다.

---

a. His coworkers often find it challenging to work with him because he exhibits a confrontational *attitude*.

그의 동료들은 그가 대립적인 *태도*를 보이기 때문에 종종 그와 함께 일하는 것을 어려워한다.

---

b. Even under high-pressure situations, she maintains her calm and friendly *demeanor*.

압박감이 큰 상황에서도, 그녀는 차분하고 다정한 *태도*를 유지한다.

☑ avoid vs evade

*avoid*와 *evade*는 둘 다 '피하다'라는 뜻이 있다. avoid는 좋지 않은 것,

해롭거나 위험한 것을 '피하다'의 의미로 주로 쓰인다.

> **a.** You'd better leave early tomorrow morning to *avoid* traffic jams.
>
> 교통 체증을 *피하려면* 내일 아침 일찍 떠나는 게 좋겠다.

> **b.** If you are trying to lose weight, *avoid* sweet foods.
>
> 체중을 줄이려면, 단 음식을 *피하세요*.

한편, evade는 피하는 것이긴 한데 뭔가 '교묘하게 피하다'의 의미가 내포되어 있다. 무엇인가를 직접 맞닥뜨리고 싶지 않은 것을 '회피하다'라는 뜻으로 주로 쓰인다.

> **c.** It was clear that he was trying to *evade* the question when TV reporters needed an answer.
>
> TV 리포터들이 대답을 요구했을 때 그는 질문을 *피하려는* 모습이 역력했다.

> **d.** *Tax avoidance* is legal, but *evading tax* is a crime, so you may be charged with *Tax Evasion*.
>
> *절세*는 합법적이지만 *탈세*는 범죄이므로, *탈세* 혐의를 받을 수 있다.

✅ avoid의 명사형은 avoidance이고 evade의 명사형은 evasion이다.

A **B** C D E F G H I J K L M N O P Q R S T U V W X Y Z

☑ bargain vs sale

우리는 예전부터 백화점이나 쇼핑몰 앞에 걸려 있는 '정기 여름 바겐세일'이라는 현수막을 많이 보아 왔기 때문에 *bargain*과 *sale*에 꽤 익숙한 편이다. 이 두 단어는 나란히 쓰이곤 하지만 각각 뜻의 차이가 있다.

우선 bargain은 판매하거나 구입하고자 '합의' 또는 '협상하다'의 뜻으로 쓰이고, 물건을 아주 싸게 구입함을 의미하기도 한다.

a. If you try to drive too hard a *bargain*, they might withdraw the offer.

협상을 너무 거세게 밀어붙이면, 그들은 제안을 철회할 수 있다.

b. The car dealer kept talking about the discounts he could give me and what a good *bargain* it was.

그 자동차 판매원은 할인을 해 주겠다며 (그 차를) 내가 정말 *싸게* 사는 것이라고 계속 이야기했다.

*sale*은 명사로 '판매'라는 뜻과 '평소 가격보다 할인된 가격discounted price으로 판매함'이라는 의미를 갖고 있다. 그리고 'SALE'이라는 사인이 붙어 있다고 반드시 좋은 가격으로 싸게 살 수 있다는 것은 아니다. 5%가 됐건 90%가 됐건 종전의 가격보다 할인된 가격으로 판다는 뜻이고, 'Bargain Sale'이라는 표현이 좀 더 파격적으로 물건을 싸게 판다는 뜻이 되는 것이다.

---

c. *Sales* of cosmetics dropped 20% last year.

화장품 *판매*는 지난해 20% 감소했다.

---

d. Many big stores will hold a New Year's *sale* from this weekend.

많은 큰 상점이 이번 주말 신년 *세일*을 시작할 것이다.

또한 sale은 함께 쓰이는 전치사에 따라 '판매하다'의 뜻인지 할인된 가격으로 판매한다는 뜻인지가 달라질 수 있다. 예를 들어, "It is **for** sale."이라고 쓰여 있으면 '팔려고 내놓았다'라는 뜻이 되고, "It is **on** sale."이라고 하면 '세일 중'이라는 뜻이 된다.

☑ basic vs fundamental vs essential

basic, *fundamental*, *essential*은 공통적으로 어떤 것의 '기본적인' 또는 '핵심적인' 것을 뜻하는 형용사이다.

basic은 '기본적인', fundamental은 '근본적인', '기본적인', 그리고 essential은 '필수적인', '핵심적인'이라는 뜻으로 쓰인다.

basic과 fundamental은 둘 다 어떤 부분들이 모여 하나의 총체를 이룬다고 할 때, 골자 또는 기본이 되는 부분을 뜻하는데, basic보다는 fundamental이 보다 formal한 뉘앙스가 있다.

> **a.** The homepage provides *basic* information about the company.
> 홈페이지에 들어가면 그 회사의 *기본* 정보가 있다.

> **b.** The Constitution is the *fundamental* law of the Republic of Korea.
> 헌법은 대한민국의 *기본*법이다.

한편, essential은 어떤 것의 필수적인 부분을 가리키며, '없어서는 안 되는'의 의미를 지닌다.

c. Garlic is an *essential* ingredient in Korean traditional cooking.

마늘은 한국 전통 요리를 할 때 *필수* 재료이다.

☑ before vs in front of

*before*와 *in front of*는 각각 전치사와 전치사구로서 시간이나 위치적으로 '~의 앞에' '~의 전에'라는 의미로 쓰인다. 이 둘은 종종 서로 바꾸어서 사용할 수도 있다.

a. She stood in front *of/before* the judge.

그녀는 판사 *앞에* 섰다.

차이점을 이야기하자면, before는 일반적으로 다른 사건event보다 먼저 일어난 시점point을 나타낼 때('~의 전에')나 사물이나 사람의 ('~앞에')와 같이 시간적, 공간적 개념으로 둘 다 쓰이는 반면, in front of는 물리적 위치, 즉 공간적 개념으로만 쓰인다.

b. I will call you *before* I leave.

떠나기 *전에* 전화할게. (시간적 개념)

c. The store is located just *before* the park.

가게는 공원 가기 바로 *전에* 있다. (공간적 개념)

d. The car stopped *in front of* the traffic light.

차는 신호등 *앞에서* 멈췄다. (공간적 개념)

e. You still have a great future *in front of* you.

네 *앞에는* 창창한 미래가 있다. (공간적 개념)

f. He agreed with the deal *before* the race *in front of* a witness.

그는 경주 *전에* 증인 *앞에서* 거래에 동의했다. (before: 시간적, in front of: 공간적 개념)

☑ believe vs trust

*believe*와 *trust*는 둘 다 무엇인가 또는 누군가를 '믿다', '신뢰하다'라는 의미를 지니는데, 약간의 차이점이 존재한다.

believe는 무엇인가가 사실임을 받아들인다는 뜻이 있다. 그렇기 때문에, "나는 신의 존재를 믿는다."라고 말하고 싶을 때, "I trust God."이라고 표현하는 것은 어색하다. 또한 당신이 믿고 있는 대상이 진실임을 증명할 수 없더라도 believe할 수는 있다.

> **a.** I *believe* in God.
>
> 나는 신의 존재를 *믿는다.*

> **b.** I *believe* that the earth is round.
>
> 나는 지구가 둥글다고 *믿는다.*

한편, trust는 누군가 무엇에 대한 '신임', '신뢰', '확신'이 있거나 더 나아가 '의지'하는 것을 내포한다. 어떤 대상을 신뢰하지(trust) 않아도 그 사람의 말을 믿을 수(believe) 있고, 상대의 모든 걸 믿지(believe) 않아도 그를 신뢰할 수(trust) 있다. 다시 말해, A라는 사람이 당신에게 사실을 말하고 있다는 것을 당신은 믿을 수는(believe) 있지만, 과거에 그에게 한번 당했던 일이 있기 때문에 그를 전적으로 신뢰하지(trust)는 못할 수 있다.

> **c.** I *trust* her to take good care of the children while I'm away.
>
> 내가 없는 동안 그녀가 아이들을 잘 돌볼 것이라고 *믿는다.*

영어 격언 중에, "Better an honest enemy than a friend you can't trust."라는 표현이 있다. "믿을 수 없는 친구보다 정직한 적이 낫다."라는 뜻이다. 신뢰할 수 없는 친구나 협력자를 갖는 것보다 솔직하고 정직한 적을 갖는 게 더 이롭다는 뜻이다. 다시 말해, 우호적이고 나를 지지하지만 충성심이나 정직성을 신뢰할 수 없는 친구보다 당신에 대한 반대적 입장에 있지만 직설적이고 정직한 행동을 하는 사람이 주변에 있는 것이 더 가치 있음을 시사하는 말이라고 하겠다.

☑ beside vs besides

*beside*와 *besides*는 철자가 거의 비슷해서 쉽게 혼동할 수 있으나 쓰임이 조금 다르다.

beside는 전치사로서 '~옆에' next to라는 뜻으로 주로 쓰인다.

---

a. I put my watch on the table *beside* the bed.

나는 침대 옆 테이블 위에 내 시계를 올려놓았다.

---

b. He built a garage *beside* the house.

그는 집 *옆에* 차고를 지었다.

---

besides는 전치사나 부사로 쓰이는데, 전치사로서의 besides의 뜻은 '~외에' in addition to이다.

c. She taught various subjects *besides* English writing.

그녀는 영어 작문 *외에도* 다양한 과목을 가르쳤다.

besides가 부사로 쓰일 때는 '그 외에도', '뿐만 아니라' 정도로 해석되고, 이어서 덧붙이는 내용이 따라온다.

d. Laughter is the best medicine. *Besides* it can make your life much easier.

웃음은 최고의 약이다. *뿐만 아니라* 그것은 당신의 삶을 훨씬 더 쉽게 만들 수 있다.

✅ beside가 들어간 idiom 중에 *beside oneself*가 있다. "I was beside myself."를 "내가 내 옆에 있었다."라고 해석하면 의미가 통하지 않는다. 흥분하거나 화가 나는 등 극도의 감정으로 내 마음이 나한테 있지 않고 옆에 가 있었다는 것은 결국, 제정신이 아니거나 이성을 잃은 상태로 볼 수 있겠다.

e. I was *beside* myself with embarrassment.

나는 너무 창피해서 *정신을 못 차렸다(제정신이 아니었다).*

☑ blink vs flicker vs flash

"저 전등이 깜빡거리는 것을 멈추게 할 수 있을까?"라는 표현은 어떻게 할까? '깜빡거리다', '깜빡이다'라는 뜻을 갖는 동사 중에 언뜻, *blink*와 *flicker*, *flash* 등이 떠올랐다면, 일단 당신의 영어 실력은 Good! 이들 중 어느 것을 골라야 할까? 아무거나 사용해도 되는지 고민될 수 있다.

blink는 '깜박이다', '깜박거리다'의 뜻을 갖는데, 주로 '눈을 깜박이다'의 의미로 쓰인다. '*in the blink of an eye*'라는 표현이 있는데, '눈 깜빡할 사이에', '순식간에'라는 뜻을 갖는다.

> **a.** He disappeared *in the blink of an eye.*
>
> 그는 *눈 깜빡할 사이*에 사라졌다.

flicker는 전구 같은 것이 고장의 원인 등으로 불규칙적으로 꺼졌다 켜졌다를 빨리 반복하는 것을 표현할 때 쓰인다. 그러므로 앞서 기술된 "저 전등이 깜빡거리는 것을 멈추게 할 수 있을까?"의 문장을 간단한 영어로 표현하자면 다음과 같다.

> **b.** Can we stop that light *flickering*?

b의 예문과 같이 flicker에는 '불규칙적으로 꺼졌다 켜졌다'on and off를 반복하는 뉘앙스가 포함되어 있다. 이때, "Can I stop the light blinking?"이라고 하거나 "Can we stop the light flashing?"이라고 쓰면 잘못된 표현이 된다.

flash라는 단어는 동사로 사용할 때 '잠깐 보여 주다', '잠깐 비추다'의 의미를 주로 갖기 때문에 전구의 불규칙적인 깜빡임을 표현할 때는 flash 뒤에 'on and off'를 함께 쓰거나 'on and off'의 의미를 갖는 flicker를 사용하는 게 보다 적절하다.

> **c.** Lightning *flashed* followed by loud thunder.
> 번개가 *번쩍이고* 큰 천둥이 쳤다.

☑ blush vs flush

*blush*와 *flush*는 '얼굴이 붉어지다'라는 의미를 갖는 면에서 공통점이 있어서 서로 바꾸어 사용할 수도 있지만 약간의 의미 차이가 존재한다.

이 둘을 비교하자면, blush는 보통 부끄러움이나 창피함으로 얼굴에 홍조를 띠는 것을 의미한다.

> **a.** Upon seeing her crush walk into the room, she *blushed*.
> 그녀는 자신이 좋아하는 사람이 방으로 들어오는 것을 보자, 얼굴을 *붉혔다*.

flush는 강렬한 감정으로 얼굴이 붉어지거나, 열기로 인한 온도 상승이나, 운동, 알코올 섭취 등의 결과로 붉어지는 것을 가리킨다. blush는 주로 얼굴이 붉어지는 것을 표현하고, flush는 얼굴뿐 아니라 몸의 일부나 전체가 붉어지는 것도 포함한다.

> **b.** He *flushed* with anger.
>
> 그는 분노로 얼굴이 *붉어졌다*.

> **c.** He went for a run and his entire body was *flushed* from the exercise.
>
> 그는 달리기를 하고는, 운동으로 온몸이 *붉어졌다*.

그 외에도 flush는 동사로 '변기의 물을 내리다'라는 뜻으로 쓰인다.

> **d.** Please make sure to *flush* the toilet after using it.
>
> 변기 사용하신 후 반드시 *물을 내려 주세요*.

☑ break down vs collapse

*break down*과 *collapse*는 무엇인가가 무너지거나 붕괴하는 것을 나타

낸다는 점에서 의미상 유사하지만 내포된 의미가 조금 다르다.

breakdown처럼 붙여서 명사로 쓰는 경우 일반적으로 시스템, 기계, 신경 등의 '고장' 또는 '무너짐'을 의미한다.

> **a.** The vehicle *broke down* on the way due to mechanical issues.
>
> 그 차량은 이동 중에 기계적 문제로 *고장 났다.*

> **b.** High stress levels caused a nervous *breakdown.*
>
> 높은 스트레스 수치로 *신경 쇠약*이 왔다.

break과 down을 띄어 쓰면 동사구_{verb phrase}로서 작은 조각, 단위로 '나누다'라는 뜻으로도 쓰인다.

> **c.** I will *break down* the task into smaller steps so that you can achieve it more easily.
>
> 여러분이 과제를 좀 더 쉽게 할 수 있도록 작은 단계로 *나누겠다.*

한편, collapse는 구조물 또는 시스템이 '갑작스럽게 완전히 고장이 나다' 또는 '안정성을 잃고 와르르 무너지다'를 뜻한다. 무너지는 것은 구조물이나 건물이 될 수도 있고, 때로는 정신적 충격이나 슬픔 등으로 사람이 쓰러지거나 주저앉는 것도 포함된다.

d. The building *collapsed* after being hit by an earthquake.

지진으로 건물이 *무너졌다*.

e. She *collapsed* in tears when she heard the news.

그 소식을 듣고, 그녀는 눈물을 흘리며 *쓰러졌다*.

☑ bright vs light

*bright*와 *light* 둘 다 형용사로 쓰일 때 '밝다'라는 공통점을 가지고 있는데, 이들은 각각 다양한 의미로 쓰인다.

우선, 이 둘의 차이점 중의 하나는 bright는 '빛이 충만하거나 색상이 밝다'라고 할 때 쓰이고, light는 '(빛이 있어서) 어둡지 않고 밝다'라는 의미로 쓰인다.

a. The bedrooms are *bright* and sunny and have private bathrooms.

침실들은 *밝고*, 햇빛이 잘 들고, 개별 화장실이 있다.

b. It's 8:00 PM, but still *light* outside.

8시인데, 아직 밖이 *밝다*.

우리가 색상을 이야기할 때, '명도(어두움과 밝음의 정도)'는 *brightness* 라고 하고, '밝기(흰색, 회색, 검은색 등 빛을 반사하는 정도)'를 *lightness* 라고 한다.

또한, *bright color*와 *light color*는 색상의 강도와 진하기에 따라서 구별되는 개념으로서, bright color는 일반적으로 색상이 선명하고 강렬하며, 눈에 띄게 '밝은 색상'을 가리키고, light color는 일반적으로 색상이 옅거나 덜 진한 색상을 뜻해서, '옅은, 연한 색'의 의미로 쓰인다. 예를 들어 *light brown*은 연한 갈색으로 해석할 수 있다.

또한, bright는 '밝다'라는 뜻 외에도 사람이 '명석한', '똑똑한', '긍정적인' 등의 의미도 갖고 있다.

---

c. He is a *bright* student.

그는 명석한 학생이다.

---

d. I always try to look on the *bright* side of life.

나는 늘 인생의 밝은(좋은) 면을 보려고 노력한다.

한편, light는 훨씬 다양한 뜻을 내포하고 있다. 형용사로는 물건이나 마음이 '가볍다'라는 뜻을 지니고, 명사로는 *sun light*, *candle light*에서와 같이 '빛'이라는 의미로 쓰인다. *bright light*는 '밝은 빛'으로 풀이된다. 그리고, 동사로 쓰이면 '불을 밝히다', '불을 켜다'의 뜻이 된다.

e. The coffee shop serves *light* meals, snacks, coffee, and tea.

커피숍에서는 *가벼운* 식사, 스낵, 커피 및 차를 제공한다.

f. This plant requires *bright light* and warm temperature.

이 식물은 *밝은 빛*과 따뜻한 온도가 필요하다.

g. She *lit* the candle.

그녀는 촛불을 *켰다*.

☑ brutal vs cruel vs violent

*brutal*과 *cruel*은 '잔인한'이라는 뜻을 지니고, *violent*는 '폭력적인', '거친' 등으로 풀이되는 형용사로서, 이 세 단어는 누군가에게 해를 끼치거나 고통을 준다는 공통적인 의미가 있다.

이들의 차이를 비교하자면, brutal은 일반적으로 육체적 고통을 유발하는 야만적이거나 가혹한 행동을 가리키는 데 사용된다.

a. The police used *brutal* force to control the riot.

경찰은 폭동을 진압하기 위해 *잔인한* 무력을 사용했다.

b. They had to endure a *brutal* winter with very little food or warmth.

그들은 식량이나 온기도 없이 *혹독한* 겨울을 견뎌 내야 했다.

반면에 cruel은 대개 의도성이 개입되어 상대에게 고통을 주거나 악의적인 행동을 하는 것을 나타내며 특히, 상대에 대한 공감이나 죄책감 등이 결여된 행동을 암시한다.

c. The dictator was known for his *cruel* treatment of prisoners.

그 독재자는 수감자들을 *잔인하게* 취급하는 것으로 알려져 있다.

d. It was unfair to play such a *cruel* joke on someone who had already suffered.

이미 고통을 겪은 사람에게 그런 *잔인한* 농담을 하는 것은 부당했다.

한편, violent는 일반적으로 육체적, 물리적 힘을 가하거나 공격적인 행동이나 말을 가리킨다.

e. The movie's *violent* scenes shocked many viewers.

그 영화의 *폭력적인* 장면은 많은 시청자에게 충격을 주었다.

f. The city was hit by a *violent* storm that caused widespread damage.

그 도시는 광범위한 피해를 초래한 *격렬한* 폭풍을 맞았다.

  정리하면, brutal은 행동이나 사태의 **심각성**, **혹독함**, **가혹함**에 초점이 맞춰지고, cruel은 상대의 고통을 유발하려는 **의도**를 강조하고 violent는 **물리적 힘**이나 **공격성**을 강조한다고 볼 수 있겠다. 그래서 어떤 것은 반드시 cruel하지 않아도 brutal할 수 있고, 어떤 행동은 violent하지 않아도 cruel할 수 있다.

C

☑ center vs middle

*center*와 *middle*은 '중앙'이나 '중심'의 의미를 지닌다는 면에서 유사하지만 내포된 의미가 조금 다르고 쓰임도 다르다.

center는 '중심점'이라는 뜻으로 주로 원형을 그렸을 때 어느 쪽에서건 가장자리에서 가운데에 해당되는 지점point에 해당된다. *shopping center*나 *medical center* 등은 쇼핑, 의료 등을 원하는 사람들이 모이는 '중심부'의 의미도 내포하고 있다.

한편, middle은 주로 시간 또는 공간적으로 앞과 뒤, 가로 또는 세로 선상에서 '중간'에 해당되는 부분이라고 할 수 있고 *center*에 비해서는 영역이 좀 더 범위가 클 수 있다. *A middle-aged man* '중년의 남성'은 있어도 *center-aged man*이라는 표현은 없다. 다음의 예문 a, b, c에서도 *center*와 middle을 서로 바꾸어 사용할 수 없다.

> **a.** Britain used to be at the *center* of the World economy.
> 영국이 세계 경제의 중심에 있었을 때가 있었다.

b. I often wake up in the *middle* of the night.

나는 밤중에 자주 깬다.

c. For 2 hours lecture, there's usually a break in the *middle*.

두 시간짜리 강의에는 일반적으로 중간에 휴식 시간이 있다.

☑ characteristic vs feature vs disposition vs property

*characteristic*은 '특성', *feature*는 '기능', *disposition*은 '성질', *property*는 '속성'으로 대표적으로 풀이되는 명사이다. 이 단어들은 사람, 사물의 특성이나 속성을 가리키고, 거의 비슷한 의미를 갖고 있지만 용법에 약간의 차이가 있다.

일단 characteristic은 사람, 장소 또는 사물의 전형적인 '특징'을 가리 킨다. 형용사로 쓰일 때는 '특유의'라고 풀이될 수 있다(예문 b).

a. Honesty is a *characteristic* of a good person.

정직은 좋은 사람의 특징이다.

feature는 무언가 또는 누군가의 독특한 측면 또는 기능, 특성을 의미하 여, 종종 눈에 보이는 항목을 설명하거나 식별하는 데 사용할 수 있다.

b. One of the *characteristic* features of a lion is its mane.

사자의 *특징* 중의 하나는 갈기이다.

c. This smartphone model is particularly notable for its camera lenses, which are one of its most distinguishing *features*.

이 스마트폰 모델은 카메라 렌즈로 특히 유명한데, 이는 가장 눈에 띄는 *특징(기능)* 중 하나이다.

disposition은 개인의 타고난 성향이나 기질, 습관적인 경향을 가리킬 때 주로 쓰인다.

d. He has a cheerful *disposition* and is always in a good mood.

그는 쾌활한 *성격*을 가지고 있어서 늘 기분이 좋다.

한편, property는 사람의 특징을 나타낼 수 있는 characteristic이나 disposition과 달리, **사물**의 특성 또는 속성을 가리킬 때 더 많이 쓰이며, 물리적, 화학적 유형을 다 포함한다.

property는 재산, 부동산이라는 뜻도 갖고 있어서 맥락에 따라서 토지나 건물을 가리킬 수도 있다(예문 f).

e. The major *properties* of water include being colorless, odorless, and tasteless.

물의 주요 성질은 무색, 무취, 무미이다.

f. I recently purchased a new *property* in the countryside, which has a beautiful view of the mountains.

나는 최근에 산의 경치가 아름다운 시골에 새 토지(부동산)를 구입했다.

☑ cheat vs deceive

*cheat*과 *deceive* 둘 다 누군가를 속이는 부정직한 행위를 뜻하는 동사이다.

그러나 cheat은 부도덕한 행위로 특정되는 반면, deceive는 누군가를 속이는 행위가 부도덕한 이유에 기인할 수도 있고 정당한 이유로 발생할 수도 있다는 점에서 다르다.

a. She was caught *cheating* on her final exam.

그녀는 기말고사에서 부정행위를 하다가 걸렸다.

> **b.** The magician *deceived* the audience with his clever illusions.
>
> 마술사는 교묘한 환상으로 관객을 속였다.

특히, "He cheated on me."라고 한다면, 이 문구는 일반적으로 남녀 사이, 부부 사이에서 신뢰를 저버리는 것을 의미한다. 일반적으로 파트너의 인지나 동의 없이 다른 사람과 소위 '바람을 피우는' 행위를 의미한다.

한편, "He deceived me."라고 한다면 남녀 사이의 맥락에서뿐만 아니라 어떤 사실을 숨기거나 거짓말을 하는 것으로서, 보다 광범위한 속임 행위가 포함될 수 있다.

요약하자면, deceive는 속이는 행위를 포괄적으로 지칭하는 것이고, cheat는 부정행위, 또는 남녀 사이의 신뢰를 저버리는 행위 등으로 구별할 수 있겠다.

☑ childish vs childlike

*childish*와 *childlike*는 둘 다 '어린애 같은'으로 풀이되지만, 뜻의 차이가 엄연히 존재한다.

childish는 어린이의 부정적인 측면, 나이에 걸맞지 않게 미성숙하거나 어리석고 유치한 행동이나 모습을 표현할 때 쓰인다.

a. I regret my impulsive and *childish* behavior at the party.

나는 파티에서 보였던 나의 충동적이고 *유치한* 행동을 후회한다.

b. Don't be so *childish*, you need to learn to take responsibility for your actions.

유치하게 굴지 말고, 네 행동에 책임을 지는 법을 배워야 해.

한편, childlike는 어린아이들의 긍정적인 측면, 순수하고 순한 모습을 표현하고 싶을 때 쓰인다.

c. Despite being in their sixties, my parents still have *childlike* character.

60대가 되셨음에도 나의 부모님은 여전히 *어린아이 같은* 성격을 갖고 계시다.

d. Despite her age, she still has a *childlike* curiosity about the world.

그 나이에도, 그녀는 여전히 세상에 대해 *어린아이 같은* 호기심을 가지고 있다.

☑ choose vs select

'고르다', '선택하다'의 뜻을 갖는 이 두 단어는 비슷하게 쓰일 수 있겠으나, *choose*는 무엇인가를 취하거나 받아들이기로 '결정하다'라는 decided의 의미로 쓰일 때가 많다.

> **a.** He *chose* to go back to his home country after he finished the graduate program in the US.
>
> 그는 미국에서 대학원 과정이 끝난 후 자신의 고국으로 돌아가기로 *결정했다*.

> **b.** Some refugees *chose* not to return home, even after the war ends.
>
> 일부 난민은 전쟁이 끝나도 고향으로 돌아가지 않겠다고 *결정했다*.

위의 예문 a와 b에서 보이듯, choose 대신 select로 대치할 수 없다. 한편, select는 여러 개의 options 중에서 선택하는 것을 의미한다. 아래 예문(c, d)에서는 choose와 select를 서로 바꿔 가며 동일한 의미로 사용할 수 있는데, choose에 비해 select는 더 formal한 느낌이 있다.

c. Can you help me *select* a house-warming gift for my sister?

우리 언니 집들이 선물 *고르는* 걸 도와줄래?

d. You can *select* one that you think solves the problem.

당신은 문제를 해결할 거라 생각되는 하나를 *선택*할 수 있다.

☑ circumstance vs situation vs status

이 세 단어의 공통점은 '상황' 또는 '상태'라는 의미를 갖고 있다는 것이다. circumstance는 '여건', '형편'으로도 해석되는데, 누군가의 감정이나 행동 상태 등에 영향을 미치는 '환경'이나 '여건'이다.

a. Under any *circumstances*, he will not give up.

어떤 *여건*에서도 그는 포기하지 않을 것이다.

circumstance와 situation의 차이점 중 하나로 가장 흔히 지목되는 것은 개별적인 circumstance가 모여서 *a situation*(상황)이 된다는 것이다. 그래서 다음과 같은 문장이 둘 다 가능하다.

b. Due to the current *circumstances*, we have to cancel the trip.

현재 *상황*들로 인해, 여행을 취소해야 한다.

c. Due to the present situation, we have to cancel the trip.

현 *상황*으로 인해, 여행을 취소해야 한다.

situation은 누군가가 만들어 내거나create 변화시킬 수 있는 상황이라는 뉘앙스를 포함하기도 한다.

d. I left the meeting early to avoid the awkward *situation*.

나는 어색한 *상황*을 피하려고 회의에서 일찍 자리를 떴다.

e. I did not act properly in timely manner, which made the *situation* worse.

내가 제때 적절히 행동하지 않아서 *상황*이 더 나빠졌다.

*status*는 어떤 시간대의 상황 또는 상태를 의미한다. 예를 들어, 비자를 신청해 놓은 상황에서 그 과정process이 어디까지 진행되고 있는지가 궁금해진다면 여러분은 자신의 *visa application status*를 문의하거나 확인할 일이 생길 수 있다.

f. You can check your application *status* by logging on to the Website.

비자 신청 *상태*는 웹 사이트에 접속해서 확인할 수 있다.

✓ status는 '상태'라는 뜻 외에도 법적, 사회적 지위rank, position라는 의미도 갖고 있다.

g. Promotion comes with better salary, higher *status*, and greater responsibilities.

승진을 하면 봉급 인상, *직급* 향상, 책임 증가가 따라온다.

☑ claim vs mention vs urge

claim, *mention*, *urge* 이 세 단어는 명사로도 동사로도 쓰이는데, 정보를 전달하거나 무엇인가를 표현, 진술한다는 일반적인 의미를 갖고 있지만, 구체적인 의미와 사용되는 맥락이 다르다.

먼저, claim은 어떤 것이 사실임을 진술하거나 주장하는 것을 말하며, 일반적으로 주장을 뒷받침할 증거를 제시해야 함을 내포한다.

a. The scientist made a *claim* that the new vaccine is effective in preventing the spread of the virus.

그 과학자는 새로운 백신이 바이러스의 확산을 막는 데 효과적이라고 주장했다.

mention은 '언급하다'라는 의미로, 굳이 어떤 사항에 대한 진실이나 타당성에 대한 부연 설명을 하지 않고 간략하게 언급하는 것을 뜻한다.

b. The author *mentions* several theories about the origin of the universe in her book.

저자는 자신의 책에서 우주의 기원에 관한 몇 가지 이론을 언급하고 있다.

urge는 누군가가 종종 긴박감을 가지고 특정 행동을 취하도록 권장하거나 촉구하는 것을 말한다.

c. The politician *urged* voters to participate in the upcoming election.

그 정치인은 유권자들에게 다가올 선거에 참여할 것을 촉구했다.

☑ clean vs clear

*clean*과 *clear*는 철자가 비슷해서 혼동되어 쓰일 수 있는 형용사로서, clean은 '깨끗한', clear는 '맑은', '분명한' 등의 대표적 의미를 지니고 있다.

clean은 표면이나 물건에 흙, 먼지, 얼룩, 불순물 등이 없는 상태, 청결함을 나타낸다.

> **a.** The water in this lake is so *clean* that it's safe to drink without filtration.
>
> 이 호수의 물은 매우 *깨끗해서* 여과 없이 마셔도 안전하다.

동사로 쓰일 때는, clean은 '청소하다', '세척하다'의 의미로 쓰인다.

> **b.** Please *clean* the kitchen after you finish cooking.
>
> 요리를 마친 후에는 주방을 *청소하세요*.

> **c.** Please *clean* the table for dinner.
>
> 저녁 식사를 위해 테이블을 *닦으세요*(테이블 위의 먼지 등을 닦으라는 뜻).

한편, clear는 '맑은', '장애물이 없는', '(반)투명한', '명료한' 등의 의미를 지닌다.

d. The water in the lake was so *clear* that you could see all the way to the bottom.

호수의 물은 너무 *맑아서* 바닥까지 훤히 들여다보일 정도였다.

e. The instructions were *clear* and easy to follow.

지시 사항은 *명확하고* 이해하기 쉬웠다.

f. Now it's *clear* to me that life is too short to waste time on things that don't matter.

이제는 중요하지 않은 일에 시간을 낭비하기에는 삶이 너무 짧다는 것이 *분명해졌다.*

g. Caffeinated drinks can help increase mental *clarity*.

카페인이 든 음료는 정신이 *맑아지도록* 도와줄 수 있다.

clear가 동사로 쓰일 때는 '치우다'의 뜻으로 풀이된다.

h. Please *clear* the table for dinner.

저녁 식사를 할 수 있도록 테이블 위에 있는 것들을 *치우세요*(테이블 위에 있는 불필요한 물건들을 치우라는 뜻).

⊘ clean에는 무용, 무술 등의 동작 따위가 '깔끔한'의 의미도 있어서, skillful, deftly, executed 대신에 사용할 수도 있다. 이밖에, 글

이나 문체 따위가 '깔끔한', '정갈한'의 의미도 들어 있다.

☑ clean vs neat

clean과 neat는 각각 '깨끗한'과 '깔끔한'과 같은 비슷한 의미를 공유하고 있다.

clean은 앞에서(clean vs clear)도 설명했듯이 표면이나 물체에 흙이나 먼지, 세균, 오염 물질 등이 없음을 의미한다.

> **a.** She scrubbed the dishes until they were *clean* and spotless.
>
> 그녀는 접시가 *깨끗하고* 티끌 하나 없을 때까지 닦았다.

한편, neat는 깔끔하거나 단정하고, 정돈이 잘 되어 있는 것을 의미한다.

예를 들어, 주방의 조리대 위에 이런저런 음식 찌꺼기라든가 국물 자국들이 남아 있는 것을 본다면 clean하지 않다고 표현할 것이고 반면, 조리대가 정돈이 되지 않은 상태로 그 위에 접시나 다른 주방 도구들이 어지럽게 놓여 있다면 neat하지 않다고 표현해도 무난할 것이다.

b. His desk was always so *neat* and organized, with everything in its proper place.

그의 책상은 늘 아주 *깔끔하게 정돈*이 되어 있어서 모든 것이 제자리에 있다.

neat하면 대개 clean의 의미가 포함되어 있다. 음식물 찌꺼기가 여기저기 묻어 있는 접시들이 가지런히 일렬로 놓여 있다고 해서 "How neat!"라는 표현을 사용하지는 않기 때문이다. 단정한neat 옷차림의 기본은 청결함 cleanliness의 필수 요소라고 할 수 있는 것과 같은 맥락이다.

clean의 반대 개념은 '지저분한' dirty 것이고, neat의 반대 개념은 '뒤죽박죽인' messy 것이라고 이해하면 이 두 단어의 차이가 좀 더 clear해질 듯하다.

☑ cohesion vs coherence

*cohesion*은 '응집력'으로 풀이되는데, 쉽게 말하면 '서로 붙는 힘'이다. 글 안에서 각 요소를 잘 붙어 있게 하려면 주요 어휘를 반복적으로 사용한다거나 대명사나 접속사 등 문법적 장치를 통해 가능하다. 다음 예문들에서와 같이, 주어 *Jaehee*가 두 번째 문장에서 *she*로 표현된 것이 text의 응집력을 유지하는 간단한 예라고 하겠다.

a. Jaehee went to Itaewon for shopping. *She* wanted to get a new pair of shoes.

재희는 이태원에 쇼핑하러 갔다. *그녀는* 구두 한 켤레를 사고자 했다.

반면에, *coherence*는 '일관성'으로 해석되는데, 말이나 글 안에서 내용이 의미적으로 논리와 일관됨을 유지하는 것을 의미한다. 예를 들어 다음의 대화는 문장들 간에 문법이나 어휘적인 연결성cohesion은 없어 보일지라도 일관성coherence을 지닌 대화의 예라고 볼 수 있다.

A: Would you like to go out for a drink?

한잔 마시러 나갈래?

B: I'm too tired.

너무 피곤해.

반대로, cohesion은 성립되나 사실상 coherence가 보이지 않는 text의 대표적인 예는 오래전부터 구전되어 온 동요, 〈원숭이 엉덩이는 빨개〉라고 할 수 있다.

"원숭이 엉덩이는 빨개. 빨가면 사과. 사과는 맛있어. 맛있으면 바나나. 바나나는 길어. 길으면 기차, 기차는 빨라. 빠르면 비행기. 비행기는 높아. 높으면 백두산…."

앞에 나오는 어휘의 반복을 통해 cohesion을 유지하고 있지만, 원숭이 엉덩이로 이야기가 시작되어 원숭이와 무관해 보이는 백두산으로 이야기가 산으로 올라가 버리면서 text 안의 요소들 간에 coherence는 찾아볼 수 없기 때문이다.

☑ collaboration vs cooperation

*collaboration*과 *cooperation*은 '협력', '협동' 등 서로 바꿔 가며 동일한 의미로 쓰이며, 다른 사람과 함께 일하는 것이라는 면에서 공통점이 있지만 차이점 역시 존재한다.

collaboration은 공동의 문제나 목표, 과제를 해결하기 위해 구성원이 함께 힘을 모으는 것을 의미한다. 대개 토론 등을 통해 아이디어를 나누며 지식을 쌓는 것knowledge building이 특징이다.

> **a.** The *collaboration* between the artist and the scientist resulted in an innovative solution.
>
> 예술가와 과학자의 협력으로 혁신적인 해법이 탄생했다.

반면, cooperation은 공동의 문제 해결이나 목표를 달성하기 위해 구성원들이 과업을 개별적으로 분담하는 분업 형태에 더 가깝다.

b. The *cooperation* between the two companies allowed them to increase their efficiency and production.

두 회사 간의 협력을 통해 효율성과 생산성을 높일 수 있었다.

✅ cooperation의 동사형인 *cooperate*는, '기업', '회사'라는 뜻을 가진 단어인 *corperate*와 철자와 발음이 비슷하니 혼동하지 않도록 주의하기.

☑ collect vs gather

*collect*와 *gather*는 둘 다 '모으다' 또는 '모이다'의 의미를 갖는 동사인데, 의미가 거의 비슷해서 대부분 서로 바꾸어 쓸 수 있다. 이 두 단어는 '생각을 정리하다'의 의미로도 쓰인다.

a. Before I started writing the essay, I took a moment to *collect/gather* my thoughts and come up with a clear outline.

에세이를 쓰기 시작하기 전에, 나는 *잠시 생각을 정리*하고 명확한 개요를 생각해 냈다.

이 두 단어는 아주 미묘한 차이점이 있는데, collect는 특정 목적을 가지고 좀 더 선별적으로 모으는 행위를 가리키고, '수집하다'의 뜻으로 풀이된다.

> **b.** The researcher *collected* data through interviews and questionnaires.
>
> 연구자는 인터뷰와 설문지를 통해 자료를 *수집했다*.

한편, gather는 일반적으로 이미 있는 것을 '한데 모으다', '모이다', '수확하다'의 의미를 가지고 있다.

> **c.** They *gathered* the wheat from the fields.
>
> 그들은 밭에서 밀을 *거두었다*.

> **d.** We are *gathered* here to pay our respects and honor the memory of our dear friend and colleague who has passed away.
>
> 우리는 세상을 떠난 소중한 친구이자 동료에 대한 추모와 경의를 표하기 위해 이 자리에 *모였습니다*(collect보다는 gather가 적절함).

☑ comfortable vs convenient

*comfortable*과 *convenient*는 편리하거나 편안함을 느끼는 것과 관련이 있는 형용사이다.

comfortable은 '편안한'이라는 뜻으로서, 마음이 편한 상태를 나타낸다.

> **a.** You may feel *comfortable* when you are with people you are close to.
>
> 당신은 가까운 사람들과 있으면 마음이 *편할* 것이다.

한편, convenient는 '편리한', '용이한'이라는 뜻을 지니며, 애쓰지 않고 어떤 것이 이루어짐을 표현한다. 편의점은 영어로 *convenience store*라고 한다.

> **b.** Business owners should provide the customers with multiple payment options to make the process more *convenient* and secure.
>
> 사업자들은 고객들에게 여러 가지의 지불 방법을 제공해서 보다 *편리하고* 안전한 절차가 마련되도록 해야 한다.

대개 convenient한 시스템은 동시에 사람을 comfortable하게 느끼게 만들 수 있다. 그리고 어떤 곳은 편리함과 편안함을 둘 다 제공할 수 있다.

c. This hotel provides *convenient* and *comfortable* accommodation for visitors.

이 호텔은 방문객들에게 *편리*하고도 *편안한* 시설을 제공한다.

✅ at your convenience라는 표현은 '편한 시간에'라는 의미로 쓰인다.

d. Please call me any time at your *convenience* so that I can arrange a meeting at a mutually *convenient* time.

편한 시간에 아무 때나 전화 주시면 서로가 *편한* 시간에 회의를 할 수 있도록 주선하겠습니다.

✅ convenient의 반대말은 inconvenient이고, comfortable의 반대말은 uncomfortable이다.

☑ common vs ordinary

*common*과 *ordinary*는 각각 '흔한', '평범한'이라는 뜻을 지니는데, 의미상 겹치는 부분이 있으나, 문맥상 조금 다르게 쓰이는 부분들도 존재한다. common은 '널리 퍼져 있는'의 의미이고 '공통된'의 의미도 포함한다. 비슷한 단어로 *commonplace*도 있는데, 이 단어는 common과 바꿔 쓸

수도 있고, *so common*(아주 흔한) 정도의 의미로 이해하면 된다. 물론 commonplace를 강조해서, *so commonplace*라고 구사하는 것도 가능하다.

---

a. It's *common* for people to get colds in the winter.

겨울에 사람들이 감기에 걸리는 것은 *흔한* 일이다.

---

b. It's *common* for politicians to make promises they can't keep.

정치인들이 지키지 못할 약속을 하는 것은 *흔한* 일이다.

반면, ordinary는 '특별하지 않은', '평범한'의 의미를 지닌다. *common people*과 *ordinary people*의 예를 들어 이 두 단어의 차이점을 설명하자면, common people은 귀족이나 양반, 엘리트 계층이 아닌 '보통 사람들', '평민들' 등의 의미가 내포되어 있는 반면, ordinary people은 계층으로 구별되기보다는 '일반 대중', '평범한 사람들'의 뜻을 더 가지고 있어서, common people이 갖고 있는 뜻보다는 보다 중립적인 뉘앙스를 지니고 있다.

common의 반대말에는 *uncommon, rare, infrequent, special, unusual* 등이 있고, ordinary의 반대말에는 *exceptional, odd, outstanding, special, unusual* 등이 속한다.

예문 a, b와 마찬가지로, 예문 c의 경우도, common과 ordinary를 서로 바꾸어 사용하면 어색하게 들린다.

c. He emphasized that he is just an *ordinary* person living an ordinary life.

그는 자신이 평범한 삶을 살고 있는 그저 *평범한* 사람이라는 것을 강조했다.

☑ company vs firm

*company*와 *firm*은 둘 다 '회사'라는 뜻을 갖고 있는데, 약간의 미묘한 차이가 있다. company는 회사의 규모나 사업 유형과 관계없이 모든 사업 조직을 지칭하는 보다 일반적인 용어이다. 이에 반해, firm은 보다 구체적인 의미를 가지는데, 법률이나 컨설팅 회사와 같이 전문 서비스를 제공하는 비즈니스 조직을 지칭하는 데 더 많이 사용된다. firm이 더 formal한 느낌이 있다.

a. Apple is one of the largest technology *companies* in the world.

애플은 세계에서 가장 큰 테크놀로지 *회사* 중 하나이다.

b. The *firm* worked closely with the client to develop a customized solution.

그 회사는 맞춤형 솔루션을 개발하기 위해 고객과 긴밀히 협력했다.

☑ contrary vs opposite

*contrary*와 *opposite*은 둘 다 '반대로', '반대되는 것'의 의미를 지니는 형용사이자 명사이므로, 서로 구별하지 않고 쓸 수 있다. 약간의 차이가 있다면, contrary가 opposite에 비해 좀 더 formal한 느낌이 들어서, 일상 대화에서는 opposite이 더 자주 쓰인다.

a. Her opinion on the matter is *contrary* to mine.

그 문제에 대한 그녀의 의견은 나와 *반대이다*.

b. Her opinion on the matter is *opposite **to/of*** mine.

그 문제에 대한 그녀의 의견은 나와 *반대이다*.

다만, opposite은 '반대쪽을 향하거나 위치하는 것'의 의미도 가지고 있으므로, '위치'를 가리킬 때는 contrary가 아닌 opposite을 사용하는 것이 적절하다.

c. The hotel is located on the *opposite* side of the city.

그 호텔은 시내 *반대편*에 있다.

☑ copy vs imitate

*copy*와 *imitate*는 둘 다 '다른 것과 비슷한 것을 생산하다'라는 의미를 지니는 동사로서 서로 구별 없이 쓸 수 있는데, 미묘하게 다른 의미를 내포하고 있다.

*copy*는 원본을 정확히 복제하거나 형식이나 내용을 다시 만들어 내는 것, 또는 복사하는 것을 말한다. copy가 명사로 쓰일 때는 '복사본'을 지칭하며, *make a copy*라고 하면 '복사하다'라는 뜻으로서, *make a photo-copy*와 같은 의미로도 쓰인다.

a. He *copied* the answers from his friend's test paper.

그는 친구의 시험지에 적힌 답을 그대로 *베꼈다*.

b. The printer is broken, so I can't make a *copy* of the report right now.

프린터가 고장 나서 지금은 보고서를 *복사*할 수 없다.

한편, imitate는 copy와 비슷한 의미로 쓰일 때도 있지만, 종종 어떤 것을 '모방하다', '따라서 하다'의 의미로 쓰인다.

c. He *imitated* the sounds of the animals he saw at the zoo.
그는 동물원에서 본 동물들의 소리를 *따라* 했다.

d. The comedian *imitated* the voice of famous politicians.
그 코미디언은 유명한 정치인들의 목소리를 *흉내* 냈다.

위의 c와 d의 예문에서 imitate 대신에 copy를 대신 쓰는 것도 허용이 되지만, 대개는 imitate나 *mimic*이 좀 더 자연스럽게 들리며, 실제 더 많이 쓰이는 편이다.

e. The girl tried to *imitate/mimic* her mother's smile.
그 소녀는 엄마의 미소를 *따라 하려고* 했다.

☑ correct vs accurate

*correct*와 *accurate*는 둘 다 '정확한'이라는 뜻의 형용사로서, 유의어다. correct는 '올바른'의 의미로 많이 쓰이며, 실수나 오류가 없이 '정확한',

규정이나 기준에 '맞는', '참 또는 거짓' right or wrong에서 '참'의 의미로 쓰인다.

유의어로 *right*이 있는데, right보다는 correct가 좀 더 formal한 느낌이 있다.

동사로서는 '고치다, 고쳐 주다', '정정하다, 정정해 주다'의 의미가 있다.

> **a.** Some questions may have more than one *correct* answer.
>
> 어떤 문제들은 *정답*이 한 개 이상일 수 있다.

지원서 application form나 양식 form 등을 작성할 때 주의 사항으로 흔히 다음과 같은 문장을 접할 수 있다.

> **b.** Please make sure all the information you provided is *correct*.
>
> 제공하신 모든 정보가 *올바른지* 확인하십시오.

예문 b에서 *correct* 대신에 *accurate*를 허용할 수도 있다. 이때 accurate의 의미는 correct처럼 '정확한'으로 해석되지만, 대개 정보 information나 사실 fact 관계, 수치 figure, data 등에 '오류 없이 정확한'이라는 의미로 주로 쓰인다. 좀 더 엄밀하게 말하자면 to be more accurate accurate는 '정밀한'의 의미도 지닌다.

그러므로, "너의 시계는 정확한 것이냐?"라고 물어볼 때는 "Is your watch *accurate*?"라고 해야지, accurate 대신 correct나 exact 등을

사용하면 어색하게 들린다.

☑ 영어를 사용할 때는 문법적으로 정확하게 accurately 구사하는 것이
중요하지만, 대화하는 상대와 때, 장소에 맞게 어휘 등을 적절하게
appropriately 구사하는 것 역시 중요하다.

☑ cosmopolitan vs metropolitan

  *cosmoplitan*과 *metropolitan*은 각각 '범세계적인', '대도시의'라는 뜻
을 지니는 형용사이다. cosmopolitan은 앞 글자 *cosmo* '우주의' 단어
가 지칭하듯이 세계 각지의 다양한 문화권에서 온 사람들이 모여 사는 도시
라는 개념이 있다. 이민자가 많고 다양한 문화가 공존하는 국제적인 도시를
일컫는다. 반면에 *metropolitan*은 인구가 밀집된 대규모의 도시를 일컫는
다. 메트로 지역은 일반적으로 인구 밀집도가 높고, 정치, 사회 경제적인 면
에서 활동이 왕성하여 주변의 인접한 소도시들과 연결이 되어 있는 편이다.
그래서 metropolitan 도시들이 동시에 cosmopolitan화가 되어 있는 경
우도 많이 있지만, 엄격하게 따지자면, cosmopolitan 도시라고 해서 반
드시 대도시에 해당되는 것은 아닌 경우도 있을 수 있다. metropolitan이
면서 동시에 cosmopolitan한 대표적인 도시로는 New York, Toronto,
Vancouver, Seoul 등을 꼽을 수 있겠다.

a. New York City is considered one of the most *cosmopolitan* cities in the world.

뉴욕시는 세계에서 가장 *국제적인* 도시 중 하나로 간주된다.

b. She has a *cosmopolitan* outlook, having lived in several different countries.

그녀는 여러 나라에서 살았던 *국제적인* 시각을 가지고 있다.

c. The *metropolitan* area of Tokyo is home to over 38 million people.

도쿄 *수도권*에는 3800만 명이 넘는 사람이 살고 있다.

D ABC EFGHIJKLMNOPQRSTUVWXYZ

☑ decide vs determine

*decide*와 *determine*은 '결정하다'라는 의미로 둘 다 쓰일 수 있으나, 그렇다고 완전히 같은 말은 아니다. decide는 '~을 하기로 마음을 먹다'의 뜻으로 풀이되는데, 대개는 선택지가 있어서 그 선택지들 중에 무엇을 고르다choose의 의미가 강하다.

---

a. Have you *decided* what to order?

무엇을 주문하실지 *결정하셨나요*?

---

b. I can't *decide* what to wear at the party.

파티에서 무슨 옷을 입을지 *결정하지* 못하겠다.

한편, determine은 '~을 하기로 굳게 결심 또는 결정하다' 또는 '어떠한 사실을 알아내다', '어떠한 사실을 밝히다' 또는 '~을 정하다' 등으로 풀이할 수 있겠다.

c. She is so *determined* that she will do all she can.

그녀는 *결의에* 차서 그녀가 할 수 있는 일을 다 할 것이다.

d. The purpose of this research is to *determine* the effectiveness of different teaching methods on student learning outcomes.

이 연구의 목적은 학생들의 학습 결과에 미치는 다양한 교수법의 효과에 대해 *알아보고자* 함이다.

e. It may not be easy to *determine* the difference between shame and guilt.

shame과 guilt의 차이를 *밝히는* 것은 쉽지 않을 수 있다.

☑ difficult vs hard

*difficult*와 *hard*는 각각 '어려운' 또는 '힘든'이란 뜻을 지니는 형용사로서 'a difficult/hard task', 'difficult/hard times'처럼 종종 구별 없이 쓰인다.

> **a.** It's not *difficult/hard* for me to get up at 4:00 in the morning.
>
> 아침 4시에 일어나는 것은 내게 *어렵지/힘들지* 않다.

그러나 모든 경우에 바꾸어 사용할 수 있는 것은 아니고, 뉘앙스와 용례, 품사에 있어 차이가 존재한다. 무엇을 '이해하기 어렵다', '해결하기 어렵다'라는 의미로 전달하고자 할 때, difficult와 hard가 혼용되어 쓰이는 예들을 흔히 접하게 된다. 그러나 문제가 복잡해서 생각을 많이 요구한다거나, 어려운 상황을 가리킬 때는 difficult를 사용해서 *a difficult problem*이나 *a difficult situation*이라고 표현하는 것이 일반적이다.

다음에 주어진 예문들(b와 c)은 difficult와 hard를 바꾸어 사용하면 어색해지는 경우이다.

> **b.** It was a very *difficult* stories to understand.
>
> 그것은 이해하기 매우 *어려운* 이야기(내용)였다.

> **c.** I understand your *difficult* situation, but I am not capable of doing it alone at the moment.
>
> 당신이 *어려운* 상황인 것을 이해하기는 하지만, 지금으로서는 제가 그것을 혼자 할 수 있는 능력이 안 됩니다.

우리는 살면서 '까다로운 문제'뿐만이 아니라 '까다로운 사람'도 만날 때가 있다. 그런 사람은 친하게 지내기 어렵고 함께 있으면 인내가 많이 요구

될 것이다. 그런 사람은 *a difficult person*이라고 말하지, *a hard person*이라고 표현하지는 않는다.

> **d.** He is a very *difficult* person to live with.
>
> 그는 같이 살기 *힘든* 사람이다.

한편, hard는 생각보다는 주로 육체적으로 힘이 많이 들거나 시간 또는 공이 많이 드는 것을 표현할 때 쓰인다는 면에서 difficult와 조금 다르다. hard는 형용사로는 '힘든'이라는 뜻 외에도 '열심인', '딱딱한', '단단한'이라는 의미를 지니고 있고, 부사로는 '열심히'의 뜻도 지닌다. 다음에 주어진 예문에 포함된 hard는 difficult와 대치하기 어려운 의미로 쓰였다.

> **e.** It is *hard* to move the furniture by myself.
>
> 가구를 나 혼자 옮기는 것은 *힘들다.*

> **f.** Thank you for your *hard* work.
>
> *열심히* 일해 주셔서 감사합니다.

> **g.** She hit it so *hard* that she almost fell.
>
> 그녀는 그것을 너무 *세게* 쳐서 넘어질 뻔했다.

h. It's *hard* to imagine how difficult it would be to learn 5 different languages in six months.

6개월 만에 다섯 개의 다른 언어를 배운다는 것이 얼마나 *어려운지는* 상상하기 힘들다.

☑ dirt vs dust

*dirt*와 *dust*는 '먼지'라는 의미로 쓰이지만 내포된 의미가 조금 다르다. dirt는 '흙먼지' 같은 것을 연상하면 좀 더 정확할 듯하다. dirt는 육안으로 쉽게 볼 수 있다.

a. She wiped the *dirt* off her shoes before entering the house.

그녀는 집에 들어오기 전에 신발에 묻은 흙을 닦았다.

한편, dust는 좀 더 세밀한 입자인 '먼지'로 구별이 된다. dust는 공기 중에 날아다니기도 해서 자세히 보지 않으면 눈에 잘 띄지 않지만, 물건 등의 표면을 닦지 않고 오래 방치하면 그 위에 하얗게 쌓인 것을 육안으로 볼 수 있다. 우리나라는 최근 대기질air quality이 점점 심각해져 가고 있어서, 많은 사람이 앱app을 통해 '미세 먼지'fine dust와 '초미세 먼지'ultra-fine dust 농도에 대한 정보를 수시로 확인하고 있는 실정이다.

---

b. The floor was covered in a layer of *dust* that had
accumulated over several months.

바닥은 몇 달 동안 쌓인 *먼지*로 뒤덮였다.

☑ distinctive vs distinguished

*distinctive*와 *distinguished* 두 단어는 공통적으로 '눈에 띈다'라는 뜻
을 갖는 형용사인데, 그 의미와 쓰임이 조금씩 다르다.

*distinctive*는 다른 사람이나 물건과 구별되는 '독특한' 무엇을 가리킬 때
쓰이며, '특이한'으로 풀이될 수 있다.

---

a. His *distinctive* voice made him stand out from other
singers in the competition.

그의 독특한 목소리는 경연에서 다른 가수들 사이에서 단연 돋보이게
했다.

---

b. The artist has a *distinctive* style of painting that is instantly recognizable.

그 작가는 바로 알아볼 수 있는 *독특한* 그림 스타일을 지녔다.

한편 distinguished는 '뛰어난', '저명한'이라는 뜻을 갖는데, 업적이나 성공, 자질 등의 면에서 다른 사람들보다 뛰어난 사람을 가리킬 때 사용할 수 있다.

c. A group of *distinguished* scholars was invited to speak at the conference on the future of artificial intelligence.

저명한 학자들이 인공 지능의 미래에 관한 학회에서 연설하도록 초청받았다.

정리하자면 distinctive는 독창성이나 눈에 띄는 면을 강조하는 반면, distinguished는 업적이나 자질을 통해 얻은 존경과 인정을 받는 면을 강조한다고 볼 수 있다.

☑ distract vs disturb

*distract*와 *disturb*는 둘 다 누군가의 집중이나 정신적 안정을 방해한다는

의미를 지닌다는 점에서 공통점이 있지만 분명한 의미 차이가 존재한다.

일단, distract는 '주위를 산만하게 하다' 또는 '정신을 딴 방향으로 돌리게 만들다', '집중을 못 하게 하다'라는 뜻이 있다.

---

a. The use of images and added animation on the presentation slides can be effective, but may be often *distracting*.

발표 슬라이드에 이미지를 사용하고 애니메이션을 추가하면 효과적일 수는 있겠으나, 종종 주의를 *산만하게* 할 수 있다.

---

b. We are often *distracted* by various types of social media.

우리는 종종 다양한 유형의 소셜 미디어로 *주의를 뺏기게* 된다.

한편, disturb는 '물리적으로 또는 정신적으로 어지럽히다', '혼란스럽게 하다'라는 의미를 지닌다.

---

c. The movie contains so many *disturbing* scenes and I don't want to watch it again.

그 영화는 *흉측한* 장면들이 너무 많아서 다시 보고 싶지 않다.

---

d. My neighbor played music very loud, which *disturbed* my studying.

내 이웃이 음악을 너무 크게 틀어 놓아서 내 공부를 하는 데 *방해가 되었다.*

호텔 투숙객들은 필요에 따라 자신의 객실 문밖에 다음과 같은 사인sign 을 게시할 수 있게 되어 있다.

"Do not Disturb."

이 사인이 의미하는 것은 투숙객이 호텔 룸 안에 거하면서 호텔 청소 직원들과 같은 외부인의 방해를 받고 싶지 않다는 의미로, 손님이 방문 밖에 걸려 있는 사인이나 문 앞 판자door hanger를 "Do not Disturb."가 적혀 있는 면으로 돌려놓음으로써 이를 표시한다. 물론 어떤 호텔들은 객실 내부에 설치되어 있는 룸 컨트롤러room controller를 통해 실내에서 이 기능이 작동하도록 만들어 놓기도 한다. "Do not Disturb."와 반대 의미로 손님이 방에 있든 없든 청소 등의 서비스를 원할 경우에는, "Please Make Up Room."이라고 적힌 사인을 게시할 수 있다.

☑ doubt vs suspect

*doubt*와 *suspect*는 동사로는 '의심하다', 명사로는 '의심'의 뜻으로 풀이되는데 이 둘은 관련어이지만 쓰임이 다르다.

doubt는 무엇에 대한 확신이나 자신이 부족함을 의미한다. 어떤 사실이나 믿음에 대한 불확실함, 또는 누군가 또는 무엇에 대한 신뢰의 결여를 의미하기도 한다.

> **a.** I have *doubt* about the accuracy of this information.
>
> 이 정보의 정확성에 대해 *의문이 듭니다*.

한편, suspect는 그 뒤에 따라 나오는 내용(대부분 부정적인 의미)에 대해 '~이 사실일 것이라고 의심하다'라고 풀이된다.

> **b.** I *suspect* that he was involved in the crime.
>
> 나는 그가 범죄에 연루되었다고 *의심한다*.

✔ suspect는 '혐의자', '용의자'의 뜻도 갖고 있다.

☑ each other vs one another

*each other*와 *one another*는 '서로'라는 의미를 지니는 대명사로서 의미는 동일하지만 문법적 쓰임에 있어서 약간의 차이가 있다.

each other는 두 사람 간의 관계를 지칭할 때 쓰이고, one another는 세 사람 이상의 관계를 지칭할 때 쓰이는 것이 일반적이다.

---

a. They love *each other* very much.

그들은 *서로*를 매우 사랑한다.

---

b. The members of the team help *one another* to succeed.

그 팀 멤버들은 성공을 위해 *서로*를 돕는다.

그러나, 요즘은 이 둘의 쓰임의 경계가 다소 모호해져서, 두 사람이나 두 개의 사물 간의 관계를 나타낼 때도 one another가 쓰이기도 한다.

c. The two opinions on the issue are contrary to *each other/ one another*.

그 문제에 관한 두 의견은 *서로* 상반된다.

☑ eager vs keen

*eager*와 keen은 둘 다 '열정적인', '열심인'이라는 의미를 지니는 형용사로 쓰이는데, 내포된 의미에 미묘한 차이가 있다.

eager는 어떤 것을 **하겠다는** 강한 욕구나 열정을 가진다는 의미로 쓰이고, keen은 본래 '날카로운'의 의미를 지니고 있는데, 무엇인가에 대한 **강한 호기심** 또는 열정을 가지고 있다는 뜻을 포함한다.

다시 말해, eager는 무엇을 '행동으로 옮기는 것'에 초점이 맞춰진 반면, keen은 '강한 호기심과 관심'이 있다는 것에 더 초점이 맞춰져 있다고 할 수 있다.

a. I am *eager* to start this project.

나는 이 프로젝트를 시작하고 *싶다*.

b. I am *keen* on learning about new technology.

나는 새로운 기술을 배우는 것에 열심이다(관심이 많다).

☑ earn vs obtain vs receive

earn, *obtain*, *receive*는 무엇을 '얻거나 받다'라는 의미를 지닌다는 면에서 서로 비슷한 동사이지만, 뜻이나 용법의 차이가 조금은 있다.

earn은 노력이나 일을 한 것에 대한 보상으로 얻는 것을 가리킨다.

---

a. He *earned* a good salary working as a software engineer.

그는 소프트웨어 엔지니어로 일하면서 좋은 급여를 *받았다*.

---

b. She *earned* a reputation as an expert in her field.

그녀는 자신의 분야에서 전문가로서 명성을 *얻었다*.

---

obtain은 노력, 협상, 지불 등을 통해 무엇을 '획득하다'라는 의미를 지닌다. 무엇을 얻기 위한 의도적 행위가 전제되어 있다.

---

c. It can be difficult to *obtain* tickets to BTS's concert because they tend to sell out quickly.

BTS의 콘서트는 티켓이 빨리 매진되는 경향이 있어 티켓을 *구하는* 것이 어려울 수 있다.

---

d. In order to *obtain* the best results, it's important to follow the instructions carefully.

최상의 결과를 *얻기* 위해서는 지침을 잘 따르는 것이 중요하다.

Receive는 무엇인가를 받는 것인데, 선물이나 상, 봉급 등 노력을 통해서뿐만 아니라 자신의 노력과 상관없이 주어지거나 전해 받는 것도 포함한다.

e. He *received* a gold medal in the Olympics after years of training.

그는 몇 년에 걸친 훈련 끝에 올림픽에서 금메달을 *땄다.*

f. I was delighted to *receive* an email from an old friend whom I hadn't spoken to in years.

나는 몇 년 동안 연락하지 않았던 오랜 친구로부터 이메일을 *받고* 기뻤다.

g. My presentation at the conference was well *received* a good response.

학회에서의 나의 프레젠테이션은 좋은 호응을 *받았다.*

☑ **edge** vs **rim** vs **brink**

*edge, rim, brink*는 '가장자리'라는 공통된 뜻을 가지고 있지만 미묘한 의미 차이를 갖는다.

우선 edge는 '끝', '테두리', '가장자리', '모서리' 등의 뜻을 지니는데, 흔히 두 개의 면을 구분하는 선을 의미한다. *the edge of a cliff*라는 표현은 문맥에 따라서는 글자 그대로 '벼랑 끝'의 의미로도 쓰이고, 은유적으로는 '막다른 데까지 내몰린'의 의미로도 쓰인다. "I think she's *on the edge*."라고 하면 *on the edge*가 idiom으로서, 그녀가 '화가 나서 폭발하기 직전'의 의미로 읽힌다.

> **a.** The *edge* of the cliff provided a breathtaking view of the valley below.
> 절벽 *가장자리*에는 아래 계곡의 숨 막히는 전경이 있다.

> **b.** The knife had a sharp *edge* that made cutting easier.
> 칼날이 날카로워서 자르기가 더 쉽다.

*rim*은 컵이나 안경 테두리와 같이 곡선을 그리는 '가장자리', '테'의 의미를 지닌다.

c. The *rim* of the cup was chipped, and I threw it away.

컵 *테두리*가 깨져서 버렸다.

d. In *semi-rimless* or *rimless* eyeglasses, the *rim* only partially or not at all encircles the lens.

*반테*나 *무테*안경은 *테*가 렌즈를 부분적으로만 둘러싸거나 아예 둘러싸지 않는다.

한편 brink는 일반적으로 위험한 '지점' 또는 무엇인가 일어나기 '직전'의 의미로 쓰인다.

e. The country was on the *brink* of economic collapse.

그 나라는 경제 붕괴 *직전*에 있었다.

☑ effectiveness vs efficiency

*effectiveness*는 '효과성'이고 *efficiency*는 '효율성'을 가리키며, 이 둘의 형용사형은 각각 *effective, efficient*이다.

effective라는 것은 어떤 일이 목적에 맞게 원하는 성과를 낸다는 의미다.

a. Rote learning is not the most *effective* way to learning things.

암기 학습은 배움에 있어 가장 *효과적인* 방법이 아니다.

efficient하다는 것은 어떠한 일을 달성함에 있어서 투입된 비용이나 시간, 에너지 등이 그 결과와 비교하여 얼마나 효율적으로 이루어졌는지를 가리키며, efficiency가 높다, 낮다라고 말한다.

b. Using mobile apps can significantly improve business *efficiency*.

모바일 앱을 사용하면 비즈니스 *효율성*을 크게 향상시킬 수 있다.

학교나 회사 등에서 발표를 할 때, PowerPoint slides나 영상video clips 등의 시각적인 자료를 사용하는 것은 내용을 더욱 '효과적으로'effectively 전달하고자 하는 의도가 있다. 그러나 이미 잘 만들어진 YouTube 영상 자료의 링크를 연결해서 보여 주면 의도한 메시지가 충분히 효과적으로 전달될 수도 있는데, 굳이 본인이 직접 출연자들을 섭외해서 스튜디오를 빌려 영상을 촬영하고 편집하는 과정을 통해 영상 자료를 직접 만들어 내는 과정은 보람되고 '효과'effectiveness는 있을 수는 있겠지만 시간과 금전, 노력이 많이 든다는 면에서 '효율성'efficiency은 떨어질 수 있다.

c. Audio-visual materials can enhance the *effectiveness* of teaching process in the classroom.

시청각 자료는 교실에서 교육 과정의 효과성을 향상시킬 수 있다.

☑ emerge vs emanate

*emerge*는 동사로서 '나오다', '모습을 드러내다', '생겨나다' 등의 뜻을 갖고 있고, emanate는 '~에서 나오다', '~을 발산하다', '발산시키다' 등의 의미를 지니고 있어서 종종 비슷한 맥락에서 구별 없이 사용될 수 있다.

이 두 단어의 가장 큰 차이점이라면, emerge는 유형이든 무형이든 눈에 보이지 않던 것이 시야에 들어오거나 모습을 나타날 때 주로 사용한다는 것이다.

a. If we continue with the same old concept and technology, the *emerging* companies will soon overtake our market.

우리가 동일한 낡은 개념과 기술을 계속한다면, 신흥 기업들이 곧 우리 시장을 차지하게 될 것이다.

b. When you analyze ESL students' writing, some patterns of errors *emerge*.

ESL 학생들의 작문을 분석하면 몇 가지 오류 패턴이 *나타난다*.

한편, emanate는 대개 무형의 사물이 어떤 출처source나 발단origin에서 나온다고 할 때 사용한다. 냄새, 소리 등이 퍼져 나오는 것을 가리킬 때도 emanate를 사용할 수 있다.

c. Curriculums may *emanate* from the teachers' classroom experiences.

교과 과정은 교사의 교실 경험에서 *나오기도* 한다.

d. The sweet fragrance of roses *emanated* from the garden.

장미의 달콤한 향기가 정원에서 *퍼져* 나왔다.

☑ emergency vs urgency

*emergency*와 *urgency*는 '급한 일', '신속하게 처리해야 할 일'이라는 의미에서 비슷한 뜻을 가지고 있는데, 의미와 쓰임이 좀 다르다.

emergency는 '응급 상황', '비상사태'라는 의미를 갖는데, 갑작스럽게 생긴 예상치 못한 상황이나 사건임을 강조한다. 예를 들면, 생명이나 건강 등이 위급한 상태일 수도 있고, 화재나 자연재해 등의 급박한 상황 같은 것을 말할 수 있겠다. emergency room은 '응급실'이고, emergency brake는 '비상 브레이크'로 parking brake, handbrake로도 불린다.

> **a.** A fire broke out in the building, and the fire department was called to handle the *emergency*.
>
> 화재가 발생해서 소방서가 *긴급* 출동했다.

> **b.** Cardiac arrest is an *emergency*, and if you find someone in cardiac arrest you should call 119 immediately.
>
> 심장 마비는 *응급 상황*이며, 심장 마비에 걸린 사람을 발견하면 즉시 119에 전화해야 한다.

한편 urgency는 '시급함', '다급함', '긴급한 사항'의 의미로 쓰이는데, 즉시 처리되어야 할 시급한 문제라는 의미를 담고 있다.

> **c.** The *urgency* of the situation made it clear that we had to act fast.
>
> 상황의 *시급성*으로 우리가 신속하게 행동해야 한다는 것이 분명해졌다.

d. Air pollution is a serious problem and needs *urgent* attention.

공해는 심각한 문제이므로 *시급한* 주의가 필요하다.

☑ **end** vs **finish**

*end*와 *finish* 두 단어는 '끝내다', '끝나다'라는 거의 같은 의미로 쓰이지만 문맥에 따라 조금 달리 쓰인다.

우선, 동사로서의 end는 하고 있던 무엇을 '멈추다' stop 또는 '결말/마지막(단계)에 이르다'라는 의미를 지닌다.

a. The story *ended* there abruptly. (멈춤의 의미)

그 이야기는 거기서 갑자기 *끝났다*.

b. His first marriage *ended* in divorce. (결말의 의미)

그의 첫 번째 결혼은 이혼으로 *끝났다*.

c. The war *ended* finally. (멈춤의 의미)

전쟁이 마침내 *끝났다*.

이에 비해 finish는 어떤 일을 '끝맺다', '완료하다'의 의미가 있어서 complete와 바꾸어 쓸 수 있다. 다시 말해, 어떤 일을 멈추어도stop or end 될 만큼 필요한 모든 것을 완료했으면completed, 그 일을 끝맺는다고finish 한다. "I finished a book."은 "책 한 권을 다 읽었다."라는 뜻인데, finish 를 end로 바꾸어 "I ended a book."이라고 말한다면 많이 어색해진다.

> **d.** I *finished* the project and will no longer work with them. (완성의 의미)
>
> 나는 프로젝트를 *끝내서* 그들과는 일을 더 이상 안 할 것이다.

> **e.** I've *finished* the book just now and will start writing a review of it. (완료의 의미)
>
> 나는 그 책 읽기를 방금 *끝내서* 이제 리뷰(평론)를 쓰기 시작할 것이다.

end의 반의어는 *continue*이고, finish의 반의어는 *begin*이다.

end와 finish 두 단어는 명사로도 쓰이는데, 이때 end는 '종료', '마지막', '끝', '결말'이라는 뜻으로 쓰인다.

> **f.** The story became dull toward the *end*.
>
> 그 이야기는 *끝*으로 가면서 재미가 없어졌다.

명사로서의 finish는 end와 뜻이 비슷해서 end와 바꾸어 쓰일 수 있으나, '결승점'과 같이 종결의 의미를 가리킬 때는 구별해서 사용해야 한다.

g. He crossed the *finish* line in third place.

그는 *결승선*을 3등으로 통과했다.

h. When the main work is completed, there is still the *finish* to apply.

주된 작업이 끝난 후에는 *마감재*를 발라야 한다.

☑ expensive vs costly

*expensive*와 *costly*는 둘 다 '값비싼', '비용이 많이 드는'이라는 뜻을 가지는 형용사로서 유의어이다. 그러나 약간의 의미 차이가 있다.

expensive는 일반적으로 넓은 의미로 '비싸다'라는 의미가 있다. 책, 휴대폰, 자동차, 보석, 음식 등이 비싸다고 할 때는 expensive를 사용한다.

a. She was wearing very *expensive* clothes.

그녀는 매우 *비싼* 옷을 입고 있었다.

costly는 프로젝트라든가 특정 상황에서 비용이 많이 드는 것을 가리킨다.

b. This project will be *costly* in the short term, but it will generate a lot of revenue in the long term.

이 프로젝트는 단기적으로는 *비용이 많이 들지만*, 장기적으로는 많은 수익을 창출할 것이다.

c. The refusal to negotiate with the union will be *costly* for both sides.

노조와의 협상을 거절하는 것은 양측 모두에게 *비용을 많이 들게 할* 것이다(큰 불이익을 줄 것이다).

F

ABCDE **F** GHIJKLMNOPQRSTUVWXYZ

☑ fair vs impartial

*fair*와 *impartial*은 '공정한'이라는 공통된 의미를 지니는 유의어이다.

fair에는 매우 다양한 뜻과 용법이 있다. 일단 형용사로는 '공정한', '규칙
에 어긋나지 않은', '아름다운', '적당히 많은', '살결이 흰', '날씨가 좋은',
'갠' 등이 있고, 명사로는 박람회, 바자회 등의 의미가 있다. 영화 제목인
〈My Fair Lady〉에서 fair는 당연히 '아름다운' beautiful 의 의미로 해석하
는 것이 적절하겠다.

impartial과 비교될 fair의 대표적인 뜻은 '공정한', '공평한'이라는 형용
사이며, 그와 비슷한 의미를 가지는 단어에는 *just*가 있고 반의어로는 *un-
fair*가 있다. 누군가가 fair하다고 말할 때는, 그 사람이 모든 사람에게 동등
한 기회나 몫을 부여하고, 무작정 한쪽 편만을 들지도 않을 것이며, 규정에
따라서 판단을 내릴 것이라고 기대한다. 다음 문장에서 fair는 올바른 right
의 의미에 가깝게 쓰였다.

> **a.** It's not *fair* to judge someone by the way they dress.
>
> 옷 입은 모양으로 누군가를 판단하는 것은 옳지*(공정하지)* 않다.

드라마에서 가끔 어떤 인물이 "저는 억울해요!"라고 소리치는 장면이 나올 때가 있는데, 이에 대한 적절한 번역은 "It's not fair!"라고 할 수 있다. impartial은 fair와 비슷한 의미로 쓰이는데, 좀 더 정확하게 표현하자면, '한쪽에 치우치지 않는'의 뜻을 지닌다. 반의어는 *partial*이고, '편파적인'이라는 뜻을 지니며, 누군가가 어떤 사물에 대해 partial하다면 그 사람은 그것을 '특별히 좋아한다'라는 뜻으로도 풀이된다. 예를 들어, "나는 마늘을 특히 좋아해서 요리할 때마다 많이 넣는다."라는 의미를 전달하고자 할 때도, "I'm *partial* to garlic, so I use a lot of it in many dishes."라고 표현할 수 있다.

> **b.** He tried to be *impartial* towards all opinions of the students.
>
> 그는 학생들의 모든 의견에 편파적이지 않으려고 노력했다.

☑ fast vs quick

*fast*와 *quick*은 둘 다 '빠르다'라는 의미를 지니며, 이들의 반의어는

*slow*라는 공통점이 있는데, 뉘앙스 차이는 조금 있다.

fast는 이동 속도나 작동하는 속도를 가리킨다. 그리고, '빠른', '빨리'와 같이 형용사나 부사로도 쓰일 수 있다.

> **a.** He is a *fast* runner and always wins races. (움직임의 속도를 의미, 형용사형)
>
> 그는 *빠른* 주자이며 경주에서 늘 이긴다.

> **b.** She *runs* very fast. (움직임의 속도를 의미, 부사형)
>
> 그녀는 매우 *빨리* 달린다.

한편, quick은 좀 더 구체적인 순간의 행동을 가리키며, 동작이나 완료의 속도나 반응의 속도를 가리킨다.

> **c.** He made a *quick* decision. (행동의 속도)
>
> 그는 *신속한* 결정을 내렸다.

> **d.** She is *quick* with her hands and can finish the task efficiently. (행동의 민첩성)
>
> 그녀는 손이 *빨라서* 작업을 효율적으로 마칠 수 있다.

e. I'm in a hurry, so I'm going to grab a *quick* bite to eat before going back to work.

제가 급해서, 회사에 가기 전에 *간단히* 요기를 할 거예요.

f. The plane flies *fast* and reaches its destination *quickly*.

(fast: 이동의 속도 vs quickly: 동작 완료의 속도)

비행기는 *빠르게* 날아서 목적지에 *빨리* 도착한다.

☑ find vs discover

*find*와 *discover*의 의미는 '찾다'와 '발견하다'이며 종종 바꾸어서 사용할 수도 있는데, 문맥에 따라 구별되어 쓰이기도 한다.

find는 잃어버렸거나, 숨겨져 있거나, 알 수 없는 것을 '찾는 행위'를 가리킨다. find의 대상은 사물, 사람, 사실 등이 포함된다.

a. She *found* her phone under the couch cushion.

그녀는 전화기를 소파 쿠션 밑에서 *찾았다*.

b. The police *found* a new evidence in the suspect's car.

경찰은 용의자의 차에서 새로운 증거를 *발견했다*.

한편 discover는 전에 알려지지 않았거나 숨겨졌던 것을 발견하거나 배우게 된다는 뜻이다. 예를 들어 Columbus가 미 대륙을 발견했다고 표현할 때는 "Columbus discovered the Americas."라고 하는 게 적절하다. 종종 조사나 탐험을 통해서 발견하는 것을 의미하며, 과학이나 예술 분야에서 새로운 발견을 하는 것을 의미할 수도 있다.

---

c. The scientists *discovered* a new cure for cancer.

과학자들은 암에 대한 새로운 치료법을 *발견했다*.

---

d. She *discovered* her talent for painting while taking an art class.

그녀는 미술 수업을 수강하다가 그림 그리는 재능을 *발견했다*.

---

e. The hikers *discovered* a gigantic waterfall on their trek through the mountains.

등산객들은 산을 통과하는 트레킹에서 거대한 폭포를 *발견했다*.

☑ flexible vs resilient

*flexible*과 *resilient*의 공통점은 변화에 유연하거나 적응력이 있는 특성

을 가리킨다는 것인데, 이 둘 사이에는 미묘한 의미 차이가 있다.

flexible은 사람이나 사물이 '융통성 있는', '휘거나 구부리기 쉬운', '유연한' 등의 의미를 지니는 형용사이다. flexible한 사물은 유연해서 구부리기 쉽고, flexible한 사람은 융통성이 있어서 변화change와 새로운 환경에 잘 적응하는 성격을 지니는 경향이 있다.

---

a. The company offers *flexible* work hours to the employees.

그 회사는 고용인들에게 *융통성 있는* 업무 시간을 제안하고 있다.

---

b. My new boss is open-mined and *flexible* in many respects.

나의 새로운 상사는 여러 면에서 마음이 열려 있고 *융통성이 있다.*

---

c. Try to use some plastic material that is stiff but has some *flexibility*.

딱딱하면서도 *유연성*이 좀 있는 플라스틱 자재를 사용해 보도록 해 보세요.

한편, resilient는 사람이나 사물이 '원래의 형태로 돌아가기 쉬운'의 의미가 강하다. resilient한 사물은 안 좋은 조건이나 환경에서도 회복력이 좋아서 잘 견디는 성질이 있고, resilient한 특성을 가진 사람은 역경이나 위기 상황에서도 정신적으로 쉽게 무너지거나 하지 않고 잘 헤쳐 나오고, 힘

든 상황이나 급격한 변화를 겪어도 정신적 회복력이 좋아서 스트레스나 정신적 충격을 덜 받는 경향이 있다. 사람이나 사물이 resilient하려면 flexible한 특성을 가지고 있다면 유리할 것이다.

d. Young people are more *resilient* and tolerant of change.
젊은 사람들은 변화에 좀 더 *순응하고* 인내력이 있다.

e. The Canadian banks proved themselves to be quite *resilient* during the financial crisis.
캐나다 은행들은 금융 위기 동안 강한 *회복력*을 보여 주었다.

f. The parents would like to raise their children to be *resilient* in the face of adversity.
부모들은 자기 자식들이 힘든 일이 있을 때 *잘 견디고 나오도록* 키우고 싶어 한다.

☑ frank vs honest

*frank*와 *honest*는 둘 다 '거짓이 없는', '솔직한'이라는 뜻을 공통적으로 지니는데, 구별 없이 사용해도 무난하지만, 내포된 의미가 조금 다르다.

a. *To be frank/To be honest*, I don't think that's a good idea.

솔직히, 그건 좋은 생각이 아니라고 생각해.

frank는 노골적으로, 때로는 무뚝뚝하게 들릴 정도로 '직설적'이라는 의미가 강하다.

b. She's known for her *frank* and direct communication style.

그녀는 솔직하고 직설적인 커뮤니케이션 스타일로 유명하다.

한편, honest는 진실하고 속이지 않는 것을 의미하기도 하고, 겉과 속이 일치하는 정직한 성품을 의미할 수도 있다.

c. I always appreciate your *honest* opinion.

솔직한 의견 감사드립니다.

d. I admire his *honesty* in admitting his mistake.

나는 그가 자신의 실수를 인정하는 정직함에 경의를 표한다.

☑ frightened vs startled vs surprised vs terrified

frightened, *startled*, *surprised*, *terrified*는 '놀람'을 뜻하는 형용사 형인데, 의미와 쓰임이 조금씩 다르다.

frightened는 특정 상황이나 대상으로 인해 느끼는 두려움, 불안감이 포함되어 있다. 명사형은 *fright*로 '놀람', '두려움'이라는 뜻을 지닌다.

---

a. I was *frightened* when passing by a house and hearing a dog growling.

나는 어느 집을 지나가다가 개 한 마리가 으르렁거리는 소리를 듣고 *무서웠다.*

---

startled는 갑작스러운 소리나 움직임에 의해 잠깐 느끼는 놀라움 또는 공포감을 말한다.

---

b. The loud noise *startled* the cat.

시끄러운 소리는 고양이를 *깜짝 놀라게 했다.*

---

c. The sound of the doorbell *startled* me.

초인종 소리가 나를 *깜짝 놀라게 했다.*

---

surprised는 예상치 못했던 일로 인해 느끼는 놀라움을 일컫는데, 반

드시 무섭거나 두려움을 느끼는 감정이 동반되는 것은 아니다. 기분 좋은 surprise도 있을 수 있고 좋지 않은 surprise도 있을 수 있으며, surprise 를 크게 느낄 수도 있고 작은 surprise도 생길 수 있다.

---

d. I was *surprised* to hear that one of my colleagues was leaving the company.

나는 내 직장 동료 중 한 명이 회사를 그만둔다는 얘기를 듣고 *놀랐다*.

한편, terrified는 특정한 상황이나 대상 때문에 생기는 극심한 두려움, 공포감을 말한다.

---

e. The sudden appearance of a wild boars at the mall *terrified* the shoppers there.

쇼핑몰에 갑자기 나타난 멧돼지로 인해, 쇼핑객들이 *공포에 떨었다*.

G

ABCDEF **G** HIJKLMNOPQRSTUVWXYZ

☑ generous vs lenient

*generous*와 *lenient*는 둘 다 '관대한'이라는 의미를 지닌다는 면에서 공통점이 있으나 약간의 의미 차이가 있다.

generous는 '후한', '관대한' 등의 의미를 가지고 있다.

> **a.** It was a *generous* offer, but she refused it.
>
> 그것은 *관대한* 제안이었지만, 그녀는 거절했다.

한편, lenient 역시 '관대한'의 의미를 갖고 있으나, 처벌이나 판결, 규칙의 적용 등에 있어서 관대하다는 의미를 내포하므로, '느슨한', '허술한'의 의미에 더 가깝게 쓰인다.

> **b.** The judge's decision to suspend the sentence seemed to be too *lenient* for the enormity of his crime.
>
> 판사의 집행 유예 결정은 그의 범죄의 중대함에 비해 너무 *관대해* 보였다.

c. The existing test has been criticized for being too *lenient*.

기존 검사는 너무 *허술하다는* 비판을 받아 왔다.

☑ grab vs grip

*grab*과 *grip* 동사의 공통점은 무엇인가를 '잡는다'라는 뜻을 지닌다는 것이다. 이 둘의 차이점을 지적하자면, grab은 '급하게 잡다', 또는 '와락 움켜쥐다'라는 뉘앙스가 강해서 동사 *snatch*와 어감이 비슷하다.

a. He *grabbed* the ball and ran quickly.

그는 공을 *잡고* 재빨리 달렸다.

b. He *grabbed* her wrist when she tried to walk away.

그녀가 떠나려 하자 그는 그녀의 손목을 *잡았다*.

c. Bright colors can easily *grab* people's attention.

밝은색은 사람들의 시선을 쉽게 *사로잡을 수 있다*.

참고로, *grab a bite*는 idiom으로 일상에서 많이 쓰이는 표현인데, '간단히 요기를 하다'의 의미가 있다.

> **f.** I stopped at McDonald to *grab a bite* on my way to work.
>
> 나는 출근하는 길에 맥도널드에 들러 *간단히 요기*를 했다.

한편, grip은 무엇인가를 '꽉 쥐다'의 의미가 있어서 동사 *clasp*과 더 비슷한 의미로 쓰인다. grip은 명사로 쓰일 때는 '꽉 잡음' a firm grip 또는 '잡는 모양'이나 '방식'을 가리키기도 한다.

> **d.** The driver *gripped* the steering-wheel tightly out of nervousness.
>
> 운전자는 긴장해서 핸들을 꽉 *잡았다*.

> **e.** Having a good *grip* is quite important in a golf swing.
>
> 골프 스윙에서 (골프채를) 잘 *잡는* 것은 꽤 중요하다.

☑ grave vs tomb

*grave*와 tomb는 둘 다 '무덤'이라는 공통의 뜻을 가지고 있다.

grave는 일반적으로 시체나 유골이 묻힌 매장지, 묘를 가리키는데, 구덩이를 '파다'의 의미가 강해서 땅속에 시신이나 시신이 들어 있는 관을 묻은 것을 가리킬 때가 많다.

참고로, grave는 형용사로도 쓰이는데, '심오한', '심각한'의 의미를 지닌다.

> **a.** The family visited the *graves* of their loved ones on Memorial Day to pay their respects.
>
> 현충일을 맞아 가족들은 고인의 묘소를 찾아 조의를 표했다.

한편, tomb이라고 하면 흔히 관을 안장한 위에 흙과 직접 닿지 않게 둔덕이나 지붕을 올리고 출입문을 설치한 건축물을 가리킨다. tomb은 시신의 일부만 땅속에 있거나 완전히 땅 위에 만들어질 수도 있다. 예를 들면, 경주의 천마총은 tomb이라고 부르는 게 더 적절하다.

> **b.** The tourists visited the famous *tombs* of the kings of the Shilla Dynasty.
>
> 관광객들은 신라 시대의 유명한 왕들의 무덤을 찾았다.

H

☑ hence vs therefore

*hence*와 *therefore*는 모두 인과 관계를 표시하기 위해 결론이나 결과를 나타내는 데 사용되는 접속사이다. 이 둘은 바로 앞에서 진술한 내용에 대한 타당한 결론을 제시하고자 할 때 이어 주는 말로 사용된다. 일반적으로 '그러므로', '따라서' 등의 의미를 지니며, 서로 바꾸어 사용해도 큰 무리는 없다.

> a. I'm late for my appointment, *hence/therefore* I need to leave now.
>
> 약속 시간에 늦었으니 지금 나가야 한다.

> b. The company made a profit, *hence/therefore* they can afford to give bonuses to the employees
>
> 회사가 이익을 냈으니, 직원들에게 상여금을 줄 여유가 있다.

또한, 글을 쓸 때, 어떤 일련의 사건이나 전제들을 길게 언급하고 나서 그로부터 도출할 수 있는 결론을 짓고자 할 때도 hence나 therefore를 사용할 수 있다. 다음 문장이나 단락이 이전 텍스트의 요점이나 결론을 요약할 것임을 독자나 청중에게 알리는 방법으로 사용하면 효과적이다.

☑ hurry vs rush

*hurry*와 *rush*는 둘 다 '급히 하다'라는 의미를 지니는 비슷한 단어이지만, 쓰임이 다를 때가 있다.

hurry는 '빠르게 움직이다'라는 뜻을 지니며 목표하는 작업을 완료하거나 목적지에 도달하기 위해 빨리 움직이는 것을 의미한다. "서둘러!"라고 말할 때는 "Hurry!"라고 말하지, "Rush!"라고 소리치지는 않는다.

> **a.** We need to *hurry* if we want to catch the train.
> 기차를 타려면 *서둘러야* 한다.

> **b.** She told her son to *hurry up* and get ready for school.
> 그녀는 아들에게 *서둘러* 학교 갈 준비를 하라고 말했다.

한편, rush는 아주 급하게 서두르는 행동에 초점이 맞춰져 있어서 움직이는 동작에 긴박감과 당황함이 내포되어 있다.

c. People *rushed out* of the building when they heard the fire alarm.

사람들은 화재 경보를 듣고 건물 밖으로 *뛰쳐나갔다.*

또한 하루 중 교통량이 가장 많고 직장인들이 가장 많이 이동하는 시간대를 *rush hour*라고 말하지만 *hurry hour*라고는 부르지 않는다. 이처럼, 이 두 단어는 문맥에 따라 의미가 다르게 쓰인다.

☑ important vs significant

*important*와 *significant*는 둘 다 '중요한'이라는 의미를 지니는 형용사로서 서로 바꾸어 사용할 수도 있으나, 내포된 의미의 차이가 분명히 있다. important는 '가치가 있는' 사물이나 사람을 가리킬 때 사용한다.

> **a.** Regular exercise is *important* for maintaining good health.
> 건강을 유지하기 위해서는 규칙적인 운동을 하는 것이 *중요하다*.

> **b.** Before making a flight reservation, it is *important* to double-check your travel schedule.
> 항공편 예약을 하기 전에 여행 스케줄을 한 번 더 확인하는 게 *중요하다*.

한편, significant는 효과나 영향력 면에서 '유의미한', '주목할 만한', '(양이나 정도가) 상당한' 등의 의미를 가지고 있다.

c. His research has made a *significant* contribution to this field.

그의 연구는 이 분야에 *상당한* 기여를 했다.

d. The industry is expected to undergo a *significant* transformation as a result of the new regulations.

새로운 규제로 업계는 *상당한* 변화를 겪을 것으로 예상된다.

☑ interrupt vs interfere

*interrupt*와 *interfere*는 '방해하다'라는 공통된 의미를 가지고 있지만, 아주 작은 뉘앙스 차이가 있어서 쓰임이 다르다.

우선, interrupt는 무언가가 진행 중인 도중에 그것을 '방해한다'라는 뜻으로, 진행되고 있던 것을 갑자기 '중단시키다', '흐름을 끊어 놓는다'라는 의미가 내포되어 있다.

a. I'm sorry to *interrupt*, but I have a question to ask.

방해해서 죄송한데, 여쭤볼 것이 있어요.

b. My presentation was *interrupted* several times by technical difficulties.

기술적인 문제로 프레젠테이션이 몇 번 *중단되었다*.

한편, interfere는 '방해하다'라는 뜻 외에 어떤 것의 진행을 '간섭하다'라는 의미를 내포한다. 다시 말해, 무엇인가 또는 누군가가 중간에 끼어들어서 진행되는 일을 방해하거나, 자신의 일이 아닌 문제에 개입하거나 쓸데없이 간섭한다는 의미가 포함되어 있다.

c. The noisy construction outside is *interfering* with my work.

외부의 시끄러운 공사 때문에 일이 *방해된다*.

d. Prolonged consumption of alcohol can *interfere* with vitamin C absorption.

장기간의 알코올 섭취는 비타민 C의 흡수를 *방해할* 수 있다.

e. I don't want to *interfere* with your own plans, so please carry on.

당신의 계획을 *방해하고* 싶지 않으니, 계속하십시오.

f. I appreciate your concern, but please don't *interfere* in this matter.

당신이 염려하는 것은 고맙지만 이 일에 *간섭하지* 말아 줘요.

☑ limit vs restrict

*limit*와 *restrict*는 '제한하다'라는 의미를 지니며 서로 바꿔 가며 쓸 수 있으나, 내포된 의미가 약간 다르기 때문에 쓰임이 다른 경우가 있다.

limit는 수나 양을 '제한하다'의 의미로 더 많이 쓰인다.

---

a. Due to *limited* resources, we cannot take on any new projects.

제한된 자원으로 인해, 새 프로젝트를 시작할 수 없게 되었다.

---

b. I think my knowledge about linguistics is more *limited* than yours.

나의 언어학에 대한 지식은 너보다 *짧은* 것 같다.

한편, limit과 비교했을 때, restrict는 일반적으로 법이나 규칙 등으로 접근이나 사용을 제한, 제약의 의미가 있다. 그러므로 '제한 구역'과 같이 접

근을 통제하는 곳은 *limited area*가 아니라 *restricted area*라고 불러야
한다.

---

c. Many schools have *restricted* cell phone use during class
hours to ensure students are paying attention.

학교는 학생들이 집중할 수 있도록 수업 시간 동안 휴대 전화 사용을
제한했다.

☑ live vs reside

*live*와 *reside* 동사의 공통점은 '~에 살다' 또는 '거주하다'라는 의미가
있다는 것인데, 어감이 좀 다르다.
'~에 살다'라고 할 때, 일반적으로 live를 많이 쓰는 편이다.

---

a. I *live* in a small city in Jeollabuk-do

나는 전라북도의 작은 도시에 *살고 있다*.

---

reside는 live에 비해 formal한 느낌이 강하다. 공적으로 '거주하다'의
의미가 포함되어 있다.

b. The royal family *resides* in the palace.

왕족은 궁전에 *거주한다*.

별도로, live에는 reside와는 달리 die의 반의어로서 '살아 있다'의 의미가 있다.

c. My parents are no longer *living*.

제 부모님은 더 이상 *살아 계시지* 않습니다.

☑ misnomer vs oxymoron

*misnomer*와 *oxymoron*은 관련어이지만 분명하게 구별되는 단어다.

misnomer는 '잘못된'이라는 뜻의 *mis-*와 '명명하다'라는 뜻의 동사 *name*의 고대 프랑스어인 *nommer*가 합쳐진 단어로, '부정확한 용어', '잘못된 이름', '오해의 소지가 있는 단어 사용'을 가리킨다.

misnomer의 대표적인 예로는 *koala bear*가 있는데, 코알라는 곰과가 아니라 캥거루와 같은 유대류marsupialia에 속하는 동물이기 때문이다.

misnomer의 또 다른 예로는 *dial tone*이 있다. dial tone은 전화 회선 이 연결되었거나 전화기가 사용 가능한 상태임을 나타내는 신호음인데, 유 선 전화기를 사용할 때 '다이얼'을 돌려서 사용했던 시절이 있었다. 그러나, 현대적인 디지털 전화 시스템에서는 더 이상 dial을 사용하는 방식이 아님 에도, dial tone이라는 표현이 여전히 사용되고 있다.

그리고, misnomer로 분류되지는 않지만, *swap meet*도 논란의 여지 가 있는 단어이다. swap은 '교환하다'의 의미가 있어서, swap meet라고 하면, 일반적으로 개인들이 중고 물품을 사고팔기 위한 행사를 가리키는데,

벼룩시장처럼 물건을 조금씩 차려 놓고 물건을 파는 곳도 swap meet이라고 부르기 때문이다.

한편, oxymoron은 고대 그리스어로 '날카로운'을 뜻하는 *oxus*와 '무딘', '멍청한'을 의미하는 *moros* 두 단어에서 유래되었는데, 상호 배타적이거나 서로 모순되는 단어들의 조합으로 역설적인 효과를 내기 위한 수사적 표현을 가리킨다.

oxymoron의 예로는 *silent scream*, *bittersweet*, *wise fool* 등이 있다. silent scream은 '소리 없는 비명'이라는 상반되는 뜻을 가진 표현이고, bittersweet은 '쓴맛과 달콤함이 함께 묻어나는', 그리고 wise fool은 '어리석은 것처럼 보이지만 사실은 현명한 사람'을 뜻한다.

☑ most vs almost

*most*와 *almost*는 양이나 범위를 설명하는 데 쓰이는 단어인데 약간의 의미 차이가 있다.

most는 일반적으로 어떤 그룹이나 수량의 '대부분', '대다수'를 의미한다.

> **a. *Most* of the students passed the exam.**
> *대부분의* 학생은 시험에 합격했다.

b. *Most* of the books on the shelf are mine.

서가에 있는 *대부분의* 책은 내 책이다.

한편, almost는 완전하지는 않지만 '거의 완전한'의 의미가 내포되어 있다.

c. I *almost* missed my train.

나는 기차를 *거의* 놓칠 뻔했다(결국 놓치지는 않았음).

d. The dinner is *almost* ready.

저녁 식사가 *거의* 준비되었다(식사 준비가 완료된 것은 아님).

☑ motive vs motivation

*motive*와 *motivation*은 둘 다 명사형으로 우리말로는 '동기'라는 의미를 내포하고 있어서 뜻이 같은 단어인 것처럼 보이나, 둘의 의미는 다르다. motive는 어떤 행동을 시작하게 된 원인 또는 동기를 의미한다.

a. The police said that the *motive* for his murder was still not clear.

경찰은 그가 살인을 한 *동기*가 아직 명확하지 않다고 말했다.

반면 motivation은 어떤 행동으로 이끌거나 지속하게 하는 자극 또는 동기 부여라는 의미를 지닌다. motivation은 교육과 관련된 분야에서 매우 중요한 개념으로 연구되고 있다.

---

b. The teachers discussed the best ways to increase students' *motivation* to learn in class.

교사들은 수업에서 학생들의 학습 동기를 높이는 최선의 방법들을 논의했다.

☑ movie vs film vs cinema

movie, *film*, *cinema*는 모두 '영화'의 의미를 담고 있는데 뉘앙스가 조금씩 다르다.

*movie*는 통상적으로 *motion picture*를 일상에서 부르는 단어이다. 또한 *the movies*는 '영화관', '극장'을 지칭한다.

---

a. I'm planning to watch a *movie* tonight, any recommendations?

오늘 밤 영화를 볼 예정인데, 추천할 만한 게 있을까요?

---

film이라고 하면, 디지털화 시대 이전에 영화를 roll film(cellulose 소재)에 담아서 기록하던 때의 film 이미지를 쉽게 떠올릴 수 있을 것이다.

"영화 한 편을 보았다."를 영어로 표현할 때, "I saw a movie."와 "I watched a film."을 서로 바꾸어 가며 쓸 수 있지만, film이라고 하면 영화가 왠지 작품성이 더 있어 보이고, 영화감독 또는 제작자가 관객audience에게 전달하고자 하는 메시지가 담겨 있을 법한 뉘앙스가 더 느껴지는 듯하다.

> **b.** Bong Joon-ho's latest *film*, ⟨Parasite⟩, was a record-breaking success.
>
> 봉준호 감독의 최신 영화, ⟨기생충⟩은 큰 성공을 거두었다.

한편, cinema는 본래 프랑스어인 *cinématographe*에서 온 단어가 줄여진 형태인데, 어원이 갖고 있는 본래 뜻은 'moving picture'이다. 오늘날은 영화를 학문적 또는 미학적 의미를 담아서 부를 때 쓰이며, 영화 기술, 영화 제작 과정의 의미로도 쓰인다. *the cinema*는 *the movies*와 같이 '영화관'을 지칭하기도 한다(영국식 표현). 참고로, '영화관'은 미국에서는 (movie) *theatre*라는 단어를 더 흔하게 사용한다.

> **c.** Cinema has a rich history, with many classic *films* that are still enjoyed today.
>
> 영화는 깊은 역사를 가지고 있으며, 오늘날에도 여전히 즐길 수 있는 고전 영화들이 많이 있다.

☑ normal vs regular

normal과 regular는 종종 혼동해서 사용하는 학습자들이 많은 편인데, 분명히 구별해서 사용해야 할 경우들이 있다. 이들의 뜻은 각각 '정상적인', '정기적인'으로 풀이된다.

normal은 상황, 행동, 상태 등이 표준적이거나 탈이 없는 상태, 일반적인 기준을 따르는 것을 의미한다.

> **a.** The doctor said my test results were *normal*.
>
> 의사는 내 검진 결과가 정상이라고 말했다.

> **b.** It's *normal* to feel nervous before a big exam.
>
> 큰 시험을 앞두고 긴장하는 것은 정상이다.

c. My feet were swollen, but they are getting back to *normal.*

발이 부었었는데, 부기가 빠지고 있다(정상적으로 되고 있다).

한편, regular는 어떤 일이 규칙적으로 일정하게 발생하는 것을 말한다. 일관되고 예측 가능한 것이 특징이다.

d. They visit their grandmother on a *regular* basis.

그들은 할머니를 정기적으로 방문하고 있다.

e. I have a *regular* sleep pattern, going to bed at the same time every night.

나는 매일 밤 같은 시간에 잠자리에 드는 규칙적인 수면 패턴을 가지고 있다.

☑ offensive vs violent

*offensive*와 *violent*는 공격적이고 유해한 행동을 가리킨다는 면에서 공통적인 의미를 갖는데, 각각의 의미가 뚜렷이 구분된다.

offensive는 상대에게 모욕적이거나 무례한 말이나 행동을 보이는 모습을 가리킨다.

> **a.** His remarks about her appearance were clearly *offensive*.
> 그녀의 외모에 대한 그의 발언은 분명히 *모욕적이었다*.

한편, violent는 누군가에게 위해를 입히려는 의도가 보이는 신체적, 물리적인 공격 행동을 가리키기도 하고, 어떤 일이나 상황 따위에 대해 거칠고 폭력적으로 반응하는 행동 등을 가리킨다.

b. The protest turned *violent* when the police used tear gas to disperse the crowd.

시위는 경찰이 최루탄을 사용하여 군중을 해산시키려 하면서 폭력적으로 변했다.

다시 말해, offensive는 말로 상대에게 모욕을 주고 기분 나쁘게 하는 행위를 말하고, violent는 물리적 또는 육체적으로 상대를 공격하거나 재물을 손상시키는 행동을 가리킨다.

☑ only vs just vs merely

only, *just*, *merely*는 각각 '오직', '그저', '단지' 등으로 번역되는데, 셋 다 제한된 정도를 나타내는 부사이고, 때로는 구별 없이 쓰이기도 한다.

only는 only you '오직 너'라고 할 때처럼 배타성을 강조한다.

a. I have *only* read the first chapter of that book.

나는 그 책의 첫 장*만* 읽었다.

b. They were *only* in their first grade.

그들은 단지 1학년일 *뿐*이다.

just는 '그저'라는 의미로 informal하게 쓰이는데, only와 바꿔서 사용할 수 있다.

---

c. I *just* want to live a simple life.

나는 *그저* 단순한 삶을 살고 싶다.

---

d. You're *just* saying that.

(인사치레로) *그냥* 하는 말인 거지.

✔ *just*에는 이들과 함께하는 공통적인 뜻 외에도 '공정한'이라는 형용사, '(지금) 막', '방금'이라는 부사로서의 의미도 있다. 한편, *merely*는 '단지'라는 어감에서 느껴지듯 의미나 중요도가 별로 없음을 의미한다.

---

d. He played *merely* a minor character in the movie.

그는 그 영화에서 *단지* 작은 역을 연기했다.

☑ origin vs source

origin과 source는 무언가의 '기원'이나 '출처'의 의미로 쓰이는 명사로, 약간 다른 의미를 지닌다.

origin은 the origin of the universe, the origin of a word, the origin of a river, the origin of a species와 같이 무언가의 '기원', '시작점'이라는 의미를 지닌다. 또한 '(사건 등의) 처음 발생 원인'의 뜻도 있다.

> **a.** The *origin* of the forest fire was determined to be a lightning strike.
>
> 산불의 *원인*은 낙뢰로 파악됐다.

한편, source는 물품의 공급원, 에너지원, 정보원(사람이나 조직) 등, '출처'를 의미한다.

> **b.** When writing an news article, the journalists must use reliable *sources*.
>
> 신문 기사를 쓸 때, 기자는 신뢰할 만한 *출처*를 사용해야 한다.

☑ problem vs trouble

*problem*과 *trouble*은 '문제', '어려움'이라는 공통점을 지니고 있는데, 거의 구별하지 않고 쓰기도 하지만 뉘앙스가 완전히 같지는 않다.

problem은 해결해야 할 문제를 가리키며 중립적 뉘앙스를 갖고 있다.

---

a. She has a *problem* with drinking.

그녀는 음주에 *문제*가 있다.

---

b. I had a technical *problem* with starting the computer this morning.

나는 오늘 아침에 컴퓨터를 시작하는 데 기술적인 *문제*가 있었다.

한편, trouble은 불편이나 걱정을 유발할 정도의 어려움 difficulty을 가리킨다.

c. As he had only a few days left before completing his military service, he tried to avoid getting into any kind of *trouble* with anyone.

군 복무가 얼마 남지 않은 터라 그는 아무 말썽도 일으키지 않으려고 노력했다.

☑ pull vs drag vs haul

pull, *drag*, *haul*은 셋 다 '끌다'라는 의미가 포함되어 있는데 내포된 의미와 쓰임이 다르다.

pull은 무엇인가를 자신 쪽으로 '끌어당기다'의 의미가 있고, 반의어는 push이다.

a. The police officer had no choice but to *pull* the trigger to stop the armed suspect.

경찰은 무장한 용의자를 제지하기 위해 방아쇠를 당길 수밖에 없었다.

b. I *pulled* my suitcase to the area near my seat.

나는 내 여행 가방을 내 좌석 근처로 잡아당겼다.

drag는 물건 등을 끌 때 바닥에 닿는 느낌이 포함되어 있어서 흔히, '질질 끌다'라는 뜻으로도 쓰인다. pull과 비교할 때, drag는 힘겹게 바닥에 대고 끄는 움직임을 연상할 수 있다.

---

c. I *dragged* my suitcase to the area near my seat.

나는 내 여행 가방을 내 좌석 근처로 *끌었다*. (힘겹게 끄는 것을 강조)

---

d. Even though I was feeling sick, I still *dragged* myself to class.

몸이 아픈데도, 나는 수업에 *힘겹게 갔다*.

한편, haul은 무게와 부피가 있는 물건을 끌어 옮기는 것을 가리킨다.

---

e. She hired a truck to *haul* her belongings to her new home.

그녀는 자신의 물건을 새집으로 *운반하기* 위해 트럭을 빌렸다.

☑ push vs shove vs thrust

push, *shove*, *thrust*는 모두 '밀다', '밀치다'라는 뜻으로 의미가 거의 같지만, 약간의 뉘앙스 차이가 있다.

push는 나로부터 밀어 내는 것을 말하고, 반의어는 pull이다.

a. She *pushed* the door open to get outside.

그녀는 밖으로 나가기 위해 문을 *밀었다*.

b. People *pushed* each other to escape from the crowded street.

사람들은 붐비는 거리를 탈출하기 위해 서로를 *밀쳤다*.

shove는 '거칠게 밀쳐 내다' *push roughly*의 의미로 쓰이는데, 북적거리는 인파 속을 팔꿈치로 밀쳐 내는 모양을 떠올릴 수 있다.

c. She *shoved* her way through the busy streets.

그녀는 분주한 거리를 *헤쳐 나갔다*.

d. People *shoved* each other as they got off the crowed train.

붐비는 전철에서 내릴 때 사람들은 서로를 *밀쳐 댔다*.

한편, thrust는 앞에 나온 push와 shove보다 더 힘차게, 갑작스럽게 미는 행동을 가리킨다. 맥락에 따라서, 날카로운 것으로 '찌르다'의 의미도 가지고 있다.

e. The firefighter *thrust* the door open and rushed inside the burning building.

소방관은 문을 *세차게 밀어* 열고 불타는 건물 안으로 돌진했다.

f. As the attacker *thrust* the knife towards her, she experienced a sharp pain in her chest.

공격자가 칼을 그녀에게 *밀어* 넣었을 때, 그녀는 가슴에 날카로운 통증을 느꼈다.

ABCDEFGHIJKLMNOP **Q** RSTUVWXYZ

☑ quote vs cite

*quote*와 *cite*는 다른 사람의 말이나 글을 '인용하다'라는 의미를 갖는데, 각각 약간 다른 의미를 내포한다. quote는 다른 사람의 말이나 글을 인용 부호 안에 그대로 따오는 행위를 말하며, 대개 큰따옴표(인용 부호) 안에 원 래 저자나 화자의 말을 글자 그대로 옮긴다.

a. When you *quote*, provide the author, publication year with page number.

인용할 때는 저자, 발행 연도, 쪽수를 함께 기재한다.

한편, cite는 다른 사람의 말이나 글에 대한 참고 문헌이나 출처를 밝히는 행위를 말한다.

b. When writing a research paper, the author has to *cite* the source properly after the quotation marks.

연구 논문을 쓸 때, 저자는 인용 부호 뒤에 *출처*를 정확히 *밝혀*야 한다.

ABCDEFGHIJKLMNOPQ**R**STUVWXYZ

☑ really vs actually

*really*와 *actually*는 사전적으로는 '실제로'라고 풀이되기 때문에 거의 비슷한 단어처럼 느껴지지만, 의미의 차이가 있다.

really는 거짓이나 가상이 아니라 '참으로', '진짜로'의 의미가 있다. 종종, 뒤에 따라 나오는 형용사나 부사를 수식해서 강조하는 기능을 하며, '정말로'의 의미도 갖고 있다.

> **a.** I'm *really* sorry for being late.
>
> 늦어서 정말 죄송합니다.

> **b.** The weather is *really* nice today.
>
> 오늘 날씨가 정말 좋다.

actually는 거짓 또는 잘못된 정보를 바로잡는 뜻으로 '사실상'의 의미로 많이 쓰인다.

c. *Actually*, he makes more money than most people think.

사실 그는 대부분의 사람이 생각하는 것보다 돈을 더 많이 번다.

d. The diamond that she thought was fake turned out to be *actually* real.

가짜인 줄 알았던 다이아몬드가 *실은* 진짜로 밝혀졌다.

☑ remember vs recall

*Remember*와 *recall*은 '기억'과 관련된 동사인데, 쓰임이 약간 다르다. Remember는 잊지 않고 기억하고 있는 상태를 말한다.

a. I still *remember* my childhood vividly.

나는 어린 시절을 아직도 분명하게 *기억한다*.

b. I can't *remember* where I put my bag.

내 가방을 어디다 놓았는지 *기억이* 안 *난다*.

한편, recall은 '기억해 내다'라는 뜻으로 잊혔던 기억을 다시 불러오려는 의미를 담고 있다.

c. I tried to *recall* where I put my bag.

나는 가방을 어디에 두었는지 *기억해 내려고* 애썼다.

☑ renew vs anew

*renew*와 *anew*는 둘 다 다시 새롭게 하는 행위를 뜻하지만, 내포된 의미가 조금 다르다. renew의 대표적 의미는 '갱신하다'이다. 무엇을 '본래 상태로 되돌리다'라는 의미의 동사이다.

a. I have to *renew* my driver's license this year.

나는 올해 운전면허증을 *갱신해야* 한다.

한편, anew는 부사로서, 무언가를 '새롭게 다시' 시작하는 의미가 강하다.

b. After the accident, he was determined to start his life *anew* with a new sense of purpose.

사고 후, 그는 새로운 목적의식으로 *새로운* 삶을 살기로 결심했다.

c. She tried to approach her old project *anew*, with fresh ideas and *renewed* energy.

그녀는 신선한 아이디어와 *새로운* 에너지로 이전 프로젝트를 *새롭게* 접근하고자 했다.

☑ replace vs substitute

*replace*와 *substitute*는 '대신하다'라고 하는 공통된 의미를 지니고 있다. '기능이나 역할이 비슷한 사물이나 사람으로 대신하다'라는 의미가 있는데, 완전히 동일한 단어 뜻을 갖는 것은 아니라서 구별해서 써야 한다.

replace와 substitute의 가장 큰 차이점은 replace는 영구적으로 '교체' 하는 것인 반면에, substitute는 일시적인 '대체'의 의미가 강하다. 다시 말해, replace는 다른 사람이나 다른 것으로 바꾸는 것을 의미한다.

a. I've been to a dentist to have my fillings *replaced*.

치아 메운 것을 *교체하러* 치과에 갔었다.

b. Mr. Lee is leaving for Paris, so we need to hire someone to *replace* him.

이 선생이 파리로 떠나기 때문에, 그를 *대신할* 사람을 고용해야 한다.

한편, substitute는 어떤 사람이나 물건이 부재하거나 사용할 수 없을 때 대체 멤버나 대체품을 잠시 고용 또는 사용하는 것을 말한다. 예를 들어, 정규 교사가 결근할 경우 결근 기간 동안 그의 일을 대신 맡아 학생들을 지도하는 '대체 교사'는 substitute teacher라고 하지 replacement teacher라고 부르지는 않는다.

> **c.** Many people are allergic to sugar, so they *substitute* sugar with artificial sweeteners in their cooking and baking.
>
> 많은 사람이 설탕 알레르기가 있어서, 요리와 제빵에 인공 감미료를 넣어 설탕을 *대체한다*.

☑ reply vs respond

동사로 '응답하다'의 뜻을 지니는 이 두 단어는 서로 바꿔 가며 사용되기도 하지만, 용법이 조금 다르다.

*reply*는 대개 누군가의 말이나 글에 '응답'하는 것으로, 말이나 행동으로 응답할 수 있다.

a. He *replied* to the journalist's rude questions by smiling.

그는 기자의 무례한 질문에 미소로 *응답했다*.

b. I did not *reply* to his email right away.

나는 그의 이메일에 바로 *응답하지* 않았다.

한편, *respond*는 어떤 것에 대해 말이나 또는 행동으로 '응수하다', '반응하다' react라는 뜻이 있다.

c. In order to *respond* to the customers' growing demands, the company recruited more staff members.

고객들의 요구 증가에 *부응하고자* 회사는 직원들을 더 채용했다.

☑ respect vs admire vs worship

respect, *admire*, *worship*은 동사로서 셋 다 '존경하다'라는 뜻을 지니며, 대상을 중히 여기는 마음가짐이 포함되어 있다. 존경과 공경의 대상이 사람이 될 수도 있고 사물이 될 수도 있다.

이 세 단어의 속뜻은 조금씩 다른데, 우선 respect는 상대 자체나 상대가 갖고 있는 어떤 면에 대해 긍정적인 태도를 지님을 뜻한다. 대체로 '존중하다' 또는 '공경하다'의 의미를 내포한다.

> **a.** Children should *respect* their parents.
>
> 아이들은 부모를 *공경해야* 한다.

admire는 누군가를 또는 누군가의 어떠한 면을 경외심에 가까운 마음으로 바라보는 마음이다. '존경' admiration은 어떤 대상을 좋게 생각해서 그를 닮고 싶어 하는 마음이 들 때 가질 수 있지만, '존중'과 '공경' respect은 상대가 어떤 인물인지와는 별개로 그를 하나의 인격체로 받아들이고 마땅히 그래야 하기 때문에 갖는 태도가 될 수 있다.

admire는 respect가 전제되어야 하지만, respect는 admire를 수반하지 않을 수 있다. 예문 a에서와 같이, 부모님에 대한 respect, 웃어른들에게 대한 respect가 그 예이다.

> **b.** I *admire* Park Hae Young's talent.
>
> 나는 박해영의 재능을 *존경한다*.

한편, respect나 admire보다 더 강한 표현에는 *revere*, *venerate*, *worship* 등이 있다. 이들 동사는 '숭배하다', '숭앙하다'의 뜻을 지닌다. 박해영 작가의 드라마 〈나의 해방일지〉에 보면, 주인공 염미정은 옆집에 사는 구씨에게 자신을 추앙하라고 worship 요구한다. 그녀는 사랑 love으로는 부족하다며, love를 뛰어넘는 *revere*, *worship*을 원했다.

worship은 특히 종교에서 신 god을 섬긴다고 할 때 사용하는 단어이다.

신이 아닌 누군가 또는 무엇인가를 worship한다면 상대를 신처럼 소중히 받드는 것을 의미한다.

---

c. He *worships* his brother as if he were a god.

그는 자기 형을 마치 신처럼 *숭배한다*.

---

d. He *worships* money.

그는 돈을 *숭배한다*.

☑ ride vs drive

*ride*와 *drive*는 운송 수단을 이용하는 것과 관련된 동사로, 쓰임이 다르다. ride는 차량이나 탈것에 **승객으로서** '타는 행위'를 말한다.

---

a. He *rode* in a taxi to get to the airport.

나는 공항에 가기 위해 택시를 *탔다*.

---

b. You can see many people *riding* a rollercoaster at the amusement park.

놀이공원에서 롤러코스터를 *타는* 사람들을 많이 볼 수 있다.

한편, drive는 차량을 직접 '운전하는 것'을 말한다.

> **c.** He will *drive* us to the airport.
>
> 그가 우리를 공항까지 *태워다* 줄 것이다.

그러나 자전거를 타거나 동물 위에 '타다'라고 할 때는 본인이 직접 제어
를 하는 것임에도, drive를 쓰지 않고 ride를 사용한다.

> **d.** I often *ride* my bike to school.
>
> 나는 종종 자전거를 *타고* 학교에 간다.

☑ rite vs ritual

*rite*와 *ritual*은 '의례', '의식'이라는 사전적 의미를 가지고 있다. 형식적이
고 의례적인 행위라는 뜻을 내포하며, 종종 서로 바꿔 가며 사용할 수 있다.

> **a.** Performing the *ritual/rite* of ancestral worship is a
> significant part of Korean family life.
>
> *제사*를 지내는 것은 한국 가정생활의 중요한 부분이다.

다만, 예문 a에서와 같이, rite는 좀 더 종교적, 전통적 의식이라는 의미로 더 많이 쓰인다.

한편, ritual은 보다 일반적인 용어로, 종교적 또는 문화적 의미가 있든 없든 특정 방식으로 수행되는 일련의 행동이나 행동을 의미한다. 그래서 ritual은 '일상'이라는 뜻의 *routine*과 비슷한 의미로 쓰일 때가 많다.

b. It's now my daily *ritual/routine* to do meditation and stretching before breakfast.

아침 식사하기 전에 명상하고 스트레칭을 하는 것은 나에게 매일의 *의식/일상*이 되었다.

ABCDEFGHIJKLMNOPQR **S** TUVWXYZ

☑ safe vs secure

*safe*와 *secure*는 우리말로 '안전한'이라고 번역되는 형용사인데, 쓰임에 있어서 미묘한 차이를 가지고 있다.

safe는 위험이나 위험 요소, 피해로부터 안전하다는 뜻이며, *risky, dangerous*와 반대되는 뜻을 가지고 있다.

> **a.** It may not *safe* to walk alone at night in the isolated areas.
> 외진 지역에서 밤에 혼자 걷는 것은 *안전하지* 않을 수 있다.

한편, secure는 '보안이 된다'라는 뜻이 있고, 도난, 두려움, 우려 등으로부터 자유롭다는 의미도 포함되어 있다.

> **b.** Having a job now, I'm more financially *secure* than before.
> 이제는 직업을 갖게 돼서 나는 이전보다 재정적으로 *안정되어* 있다.

그러므로, *safe building*과 *secure building*은 의미가 다르다. safe building은 화재나 지진, 기타 자연재해와 같은 비상사태에 대비해서 거주자에게 피해나 위험이 최소화될 수 있도록 설계된 건물을 의미한다. 반면, secure building은 관계자 외 사람들의 진입을 방지하기 위한 보안 시스템을 가지고 있거나 액세스 제어 시스템 등이 갖추어진 건물을 의미한다.

secure는 동사로 '확보하다'라는 뜻으로도 쓰인다.

---

c. Due to the demand for seats you are advised to *secure* your place by making a reservation.

자리에 대한 수요가 많으므로 자리를 확보하기 위해 예약하시기를 권해 드립니다.

✅ 이들의 명사형은 각각 safety와 security이다.

☑ sauce vs dressing

우리나라에서 음식을 서빙할 때 음식 위에 끼얹거나 뿌려 먹는 것을 따로 구분하지 않고 소스sauce라고 부르는 것을 자주 목격한다.

*sauce*는 종종 생선이나 고기 요리 등 음식 위에 뿌려 맛을 내는 데 사용

된다. 예를 들어, *tomato sauce, barbecue sauce, soy sauce*와 같이 요리하는 중에 넣을 수도 있고, 찍어 먹는 용도로 사용될 수도 있다.

한편, 샐러드 위에 끼얹는 것은 따로 명칭이 있는데, *dressing*이라고 부른다. dressing은 일반적으로 샐러드 위에 뿌려 맛을 더하는 것으로서 *italian, honey mustard, balsamic dressing* 등을 예로 들 수 있다.

참고로 *gravy*라는 것도 있는데, 이것은 mashed potatoes나 steak 위에 끼얹는 따뜻한 topping으로, 고깃국물, 밀가루, 버터 등을 이용해 만드는 것을 가리킨다.

☑ serious vs severe

둘 다 '심각한'이라는 뜻을 지니는 *serious*와 *severe*는 유의어인데, 수식할 수 있는 대상에 따라 조금씩 다르게 쓰이고 '심각한 정도'의 차이도 있다.

serious한 대상은 일matter, 상황condition, 사람person 등이 될 수 있는데, 예를 들어, *serious problem, serious condition*은 각각 '심각한 문제', '심각한 상태'라는 의미를 지닌다.

"He is a serious person."이라고 하면 그는 유머나 농담joke 따위를 잘 즐기지 않아 보이는 '매우 진지한' 사람이라는 뜻이 되기도 한다.

serious는 어떤 대상을 수식하느냐에 따라 어감이 조금씩 달라질 수 있다. 예를 들어, 누군가로부터 "He gave a very serious speech."라는 말을 들으면 언뜻, 그의 연설 내용이 심각했을 수도 있겠다고 짐작할 수 있으나, 그가 강연을 할 때의 어조가 심각했을 수도 있다.

또한, "The movie was very serious."라는 말을 들으면, 영화 내용이 가볍거나 재미있었던 것이라기보다는 심각한 주제나 내용을 다루었다고 짐작할 수 있다.

덧붙여서, "I am very serious about my study."라는 표현에서는, 화자가 자신의 학업(학문)을 매우 중요하게 생각하고 있다고 여길 수 있다.

한편, severe는 대체로, 어떤 증상이나 상황의 위중함gravity이나 심각한 정도severity를 가리킬 때 주로 쓰인다. 이때, serious를 대신 사용할 수도 있지만, severe가 강도나 심각성의 정도가 더 큰 뉘앙스를 준다.

---

a. His wound is quite *severe* and needs surgery.

그의 상처는 매우 *심각해서* 수술이 필요하다.

앞에서 *a serious person*은 '진지한 사람'으로 풀이된다고 했는데, person 앞에 severe로 바꾸어 *a severe person*이라고 쓰게 되면 어색하게 들린다. 문맥에 따라, '매우 엄격하고 까다로운 사람'이라는 전혀 다른 의미로 풀이될 수 있다.

☑ sign vs symbol

*sign*과 *symbol*은 모두 특정한 의미를 나타내는 표시물이지만, 차이점이 있다.

sign은 정보 전달이나 개념, 지침이나 경고 등을 목적으로 사람들에게 보일 수 있게 게시해 놓은 것이다. 예를 들어, 도로 표지판에 있는 화살표나 숫자, 글자들이 sign의 예이다. 이러한 sign은 보통 국제적으로 표준화되어 있는 것이 많고, 사람들이 이해하기 쉬운 형태로 표현되는 게 일반적이다. sign은 주로 정보 전달이나 안전을 위한 목적으로 사용된다.

> **a.** At the stop *sign*, you should come to a complete stop before the stop line.
> 정지 신호에서는 정지선 앞에서 완전히 정지해야 한다.

> **b.** Avoiding direct eye contact is a *sign* of discomfort.
> 직접적인 시선을 피하는 것은 불편함의 징후이다.

한편, symbol은 sign보다 추상적이고 복잡한 의미를 나타내는 표시물이다. 상징은 주로 특정한 그룹이나 집단에서 사용하는 게 일반적인데, 예를 들어, 깃발이나 국기 안에 표시된 이미지 등은 각각 어떤 것을 표현하거나 상징한다고 할 수 있다.

c. The cross is a widely recognized *symbol* of Christianity.

십자가는 기독교의 상징으로 널리 알려져 있다.

☑ sink vs subside

*sink*와 *subside*는 동사로서 '가라앉다'라는 뜻으로 해석되기에, 영어 학습자에게 혼동을 일으킬 수 있다.

*sink*의 대표적인 의미는, 사람이나 사물이 물과 같은 액체나, 진흙과 같은 부드러운 물질 속으로 '가라앉다'라는 것이다.

a. The ship *sank* into the sea.

배가 바다에 *가라앉았다*.

*sink*에 내포된 의미는 매우 다양한데, 그중 하나는 '낙심하다'의 뜻이다.

b. My heart *sank* when I received a letter of rejection from the company.

나는 그 회사에서 거절 통보를 받자 *상심했다*.

⊘ *sink*는 명사로 욕실이나 주방 등에 있는 '세면대', '개수대'의 의미

도 갖고 있다.

이에 비해 subside는 강도나 증세 등이 '줄어들다', '진정되다'의 의미로 쓰인다.

> **c.** When the floods *subsided*, the streets were littered with rubble.
>
> 홍수가 *가라앉자*, 거리가 잔해로 뒤덮였다.

> **d.** The symptom *subsided* within a few days after the treatment.
>
> 치료 후 며칠 내로 증상은 *가라앉았다.*

☑ soft vs mild

*soft*와 *mild*는 둘 다 '부드러운'이라는 뜻을 지니고 있어 비슷한 점이 있지만, 내포된 의미가 약간 다르다.

soft는 촉감이 부드러울 수도 있고, 말투가 부드러울 수도 있다. 각 단어의 반의어들을 보면 차이점이 더 잘 이해될 듯한데, 우선, soft의 반의어에는 *firm* '단단한', *rough* '거친', *loud* '목소리가 큰', *tough* '질긴' 등이 있다.

a. The new pillow is *soft* and plump.

새 베개가 *부드럽고* 통통하다.

b. The grass felt *soft* under my bare feet.

맨발 아래 느껴지는 잔디가 *부드럽다*.

c. He is very *soft* spoken.

그는 말을 조용하고 *부드럽게* 한다.

d. The bread is so *soft* and chewy that it's easy to bite into.

빵이 *부드럽고* 쫀득쫀득해서 먹기 편하다.

mild의 반의어로는 *strong*, *harsh*, *intense*, *severe* 등이 있다. 강도가 약하다는 것을 가리키기도 하고, 바람이 불지 않고 날씨가 따뜻하고 부드러울 수도 있고, 음식의 맛이 강하거나 맵지 않고 부드러울 수 있다.

e. I had a *mild* headache this afternoon, so I came home early to rest.

오늘 오후에 *가벼운* 두통이 있어서, 집에 일찍 와서 쉬었다.

f. The weather was *mild* and sunny today.

오늘은 날씨가 *포근하고* 화창했다.

g. The curry has a *mild* flavor, making it enjoyable even for those who don't like spicy food.

카레 맛이 *순해서*, 매운 음식을 좋아하지 않는 사람들도 즐길 수 있겠다.

☑ specially vs especially

*specially*와 *especially*는 철자 하나 다르고 '특별하다'라는 공통된 의미를 갖는 단어라서 혼동이 될 수 있는 부사인데, 용법이 조금 다르다.

specially는 '특별히'라는 의미와 함께 일반적으로 뒤에 특정 목적이 따라 나온다.

a. She ordered a cake *specially* for her friend's wedding shower.

그녀는 친구의 웨딩 샤워를 위해 *특별히* 케이크를 주문했다.

한편, especially는 '특히'라는 의미를 갖고, 강조를 하기 위해 쓰인다.

b. Your facial skin is *especially* prone to moisture loss.

얼굴 피부는 수분 손실에 *특히* 취약하다.

c. This program will be *especially* attractive to families with children.

이 프로그램은 자녀가 있는 가족에게 *특히* 매력적일 것이다.

☑ strong vs powerful

*strong*과 *powerful*은 '힘 있는'이라는 공통된 의미를 가지고 있지만, 의미와 용법이 구별되어 쓰이는 경우가 많다.

*strong*은 일반적으로 '강력한', '힘센' 등의 의미를 가지고 있다. 체력, 정신력이 강할 수도 있고, 논리나 주장이 설득력 있게 강할 수도 있다. 반의어는 *weak*이다. *strong person* '강한 사람', *strong wind* '강한 바람', *strong argument* '강력한 주장' 등의 표현이 가능하다. *strong coffee*는 원액의 양이 많은 '진한 커피'이고, *weak coffee*는 물을 많이 타서 '맹맹한 커피'이다.

a. The board is *strong* enough to hold your weight.

보드는 너의 무게를 지탱할 정도로 충분히 *강하다*.

b. She had a *strong* will and never gave up on her dreams.

그녀는 *강한* 정신력을 가지고 있어서 자신의 꿈을 결코 포기하지 않았다.

c. His argument was *strong* enough to convince me.

그녀의 주장은 나를 설득하기에 충분히 *강력했다*.

d. I need *strong* coffee to wake me up.

나는 잠이 깨기 위한 *진한* 커피가 필요하다.

powerful은 '힘 있는', '강력한'의 의미를 지닌다는 면에서 strong과 의미가 상통하지만, 특히 '변화를 일으킬 만한 영향력'이 있는 것을 가리킨다. powerful의 반의어에는 *powerless*, *weak* 등이 있다.

e. He has a *powerful* voice that attracts many viewers.

그는 시청자들을 매료시키는 *강력한* 목소리를 가지고 있다.

f. His speech was very *powerful* and inspired many people.

그의 연설은 매우 *강력했고* 많은 사람에게 영감을 주었다.

☑ sympathy vs empathy

*sympathy*와 *empathy*는 남의 감정이나 상황에 대해 같은 생각이나 느낌을 가진다는 면에서 서로 공통된 의미를 가지고 있지만 분명 차이가 있다. sympathy는 '연민', '동정'하는 것의 의미가 강하고, empathy는 '공감'의 의미가 강하다.

sympathy는 다른 사람의 감정, 어려움이나 문제에 대해 이해하고 함께 그 감정을 느끼는 것을 의미한다. 그러나 그들의 문제를 직접 체험하지 않았으므로 그들의 감정이나 경험에 대해 완전히 이해하지 못할 수도 있다.

---

a. I feel *sympathy* for the victims of the natural disaster.

자연재해의 피해자들에게 *애도*를 표합니다.

한편, empathy는 다른 사람의 감정이나 상황에 대해 깊이 이해하는 것을 나타낸다. 예를 들어, 학생들에게 empathy를 갖고 있는 교사는 학생들이 어떻게 느끼고 어떤 도움이 필요한지 이해할 것이다.

---

b. I have *empathy* for my friend because I know how he feels after losing her job.

친구가 직장을 잃은 후 어떻게 느끼는지 알기 때문에 내 친구에게 *공감*한다.

☑ teach vs instruct

*teach*와 *instruct*는 둘 다 '가르치다', '교육하다'라는 의미를 가지고 있어서, 구별되지 않고 사용되기도 한다.

> **a.** During the driving lesson, the instructor *taught* the student how to change lanes.
> 운전 수업 중에 강사는 학생에게 차선 변경 방법을 *가르쳤다*.

> **b.** The driving instructor *instructed* the student on how to change lanes.
> 운전 강사는 학생에게 차선 변경 방법을 *가르쳤다*.

이 두 단어는 의미가 구별되어 쓰이는 경우도 있는데, teach는 주로 체계적인 과정을 통해서 지식이나 기술을 전수하는 것을 의미한다.

c. She *teaches* English at a high school. (여기서는 instruct로 바꿔서 쓸 수 없다)

그녀는 고등학교에서 영어를 *가르친다.*

한편, instruct는 특정 작업이나 목적을 위해 누군가에게 구체적인 지시를 하거나 알려 주는 것을 말한다. 경우에 따라서 '명령하다'의 의미도 있다.

d. The doctor *instructed* the patient to take the medication twice a day.

의사는 환자에게 하루에 두 번 약을 먹도록 *지시했다.*

e. I was *instructed* to attend the meeting for my boss.

나는 상사 대신에 회의에 참석하라는 *지시를 받았습니다.*

☑ thin vs lean

thin과 *lean*은 둘 다 사람이나 사물의 모양이나 외형을 설명하는 형용사이지만 약간 다른 의미를 가지고 있다.

thin은 사람의 '마른' 체형을 가리킬 때 쓰이고, 반의어는 '뚱뚱하다' fat이다. thin은 또한 사물의 두께가 '얇다', '가늘다'의 의미로도 쓰인다.

a. It's surprising how *thin* she is considering how much she eats.

그녀가 먹는 양을 고려할 때 그녀는 놀랍도록 *날씬하다*.

b. A person with *thin* hair might need specialized care or styling techniques to appear fuller and healthier.

얇은 모발을 가진 사람은 더 풍만하고 건강해 보이려면 전문적인 관리나 스타일링 기술이 필요할 수 있다.

한편, lean은 사람을 묘사할 때는 '군살이 없는'의 의미로 쓰이고, 고기를 가리킬 때는 '기름기가 없거나 적은'의 의미로 쓰인다.

c. The restaurant served a *lean* cut of steak.

레스토랑은 *기름이 적은* 스테이크를 제공했다.

☑ throw vs cast

*throw*와 *cast*는 동사로 쓰였을 때, '던지다'라는 뜻을 공통적으로 갖는다. 서로 바꾸어 가며 쓸 수 있는 유의어인데, 굳이 비교하자면, throw가 cast보다는 일상에서 좀 더 가볍게 쓸 수 있고, cast는 좀 더 formal한 느

낌이 있다.

'*throw a punch*' 펀치를 날리다, '*throw a ball*' 공을 던지다이 *cast a punch*나 *cast a ball*보다는 훨씬 자연스럽게 들린다. cast가 갖고 있는 의도성이나 formal한 느낌 때문인 듯하다.

> He *threw/cast* a glance at the clock.
>
> 그는 시계를 힐끗 봤다.

그런데, 이 두 단어는 idiom으로 쓰였을 때, 서로 바꾸어 쓸 수 없는 경우들이 있다.

예를 들어, '파티를 벌이다'라는 말은 *throw a party*라고 표현하고 *cast a party*라고 하지는 않는다.

반면, '투표하다'라는 말은 *throw a vote*라고 하기보다는 *cast a vote*라는 idiom을 사용하는 게 적절하다.

또한, *cast a line*이라고 하면 '낚싯대를 던지다'라고 풀이된다. 이 경우 역시 *cast* 대신 *throw* 동사를 사용할 수 없고, 그럴 경우 완전히 다른 뜻이 되어 버린다. *throw a line to someone*이라는 표현은 어려움을 겪고 있는 누군가에게 '도움의 손길을 내밀다'라는 뜻이 되기 때문이다.

☑ tool vs instrument vs device

*tool, instrument, device*는 모두 '도구'나 '기구'의 비슷한 의미를 지니는 명사로서 특정한 기능을 담당하는 물건이라고 할 수 있다. 이 세 단어는 종종 구분 없이 사용되기도 한다.

> **a.** Robotic technology is utilized as a surgical *tool* in modern times.
>
> 현대에는 로봇 기술이 수술 도구로 활용되고 있다.

> **b.** Nowadays, robots are employed as surgical *instruments*.
>
> 오늘날 로봇은 수술 도구로 사용된다.

> **c.** The use of robots as surgical *devices* is becoming increasingly common.
>
> 로봇을 수술 장비로 사용하는 것이 점차 보편화되고 있다.

이들 각 단어의 의미를 좀 더 구체적으로 살펴보면 약간의 의미 차이가 드러나는 것을 볼 수 있다. 우선 tool은 '도구', '수단', '연장' 등의 의미를 지니며, 망치나 톱과 같이 대개 손을 사용하는 연장을 떠올릴 수도 있고, a의 예문에서 보이듯이, 어떤 목적을 이루기 위한 '도구', '수단'의 의미로도 쓰일 수 있다.

instrument도 '도구', '기구'의 의미로 쓰일 수 있으나, 일반적으로 좀 더 복잡한 기구를 의미한다. 예를 들어, 피아노, 바이올린 등은 *musical instruments*에 해당되고, *scalpel* '수술용 메스', *forceps* '핀셋', *retractor* '견인기' 등은 *surgical instruments*에 해당된다.

device는 '기기', '장치'의 의미로 주로 쓰인다. 물리적, 추상적 장치를 다 가리킬 수 있다. *literary device*와 *rhetorical device*는 각각 '문학적 장치', 은유나 비유와 같은 '수사적 장치'를 나타낸다.

> **d.** Please remember to turn off your mobile *devices* before entering.
>
> 입장하기 전에 모바일 *기기*를 끄는 것을 잊지 마십시오.

☑ trip vs travel

'여행'이라는 뜻의 *trip*과 *travel*은 같은 의미이지만, 내포된 의미가 조금 다르다.

trip은 일반적으로 여행의 목적이나 목적지가 정해져 있는 경우를 지칭하며, travel에 비해 짧은 기간의 여행을 의미한다.

a. I'm taking a *trip* to visit my grandparents next weekend.

다음 주말에 조부모님을 만나러 *간다*.

반면에 travel은 trip보다 광범위하게 쓰이는데, 좀 더 다양한 종류의 여행을 가리킨다. 여행의 목적이나 기간과 관계없이 한 장소에서 다른 장소로 이동하는 행위를 뜻한다.

b. The *travel* expenses for my business *trip* will be reimbursed by the company.

내 *출장*에 대한 *여행* 경비는 회사에서 상환해 줄 것이다.

c. I always make a checklist before I *travel* to make sure I don't forget anything important.

나는 중요한 것들을 잊지 않으려고 *여행 가기* 전에 체크 리스트를 늘 만든다.

ABCDEFGHIJKLMNOPQRSTUV **W** XYZ

☑ **waterproof** vs **water resistant** vs **watertight**

*waterproof, water resistant, watertight*는 일반적으로 '방수가 되는' 이라는 의미가 있는데, 이들 각각의 의미도 조금씩 다르다.

일단 waterproof는 '방수가 되는'의 뜻을 지닌다. 고무 재질rubber이나 플라스틱plastic, 비닐vinyl 등의 재료, 휴대폰, 이어폰 등의 전자 기기들은 물의 침투를 막는 waterproof 기능을 가지고 있다.

water resistant는 '발수되는'이라고 풀이된다. 빗물이나 물방울 등을 튕겨 내는 기술인 발수 처리를 해서 만든 제품들은 water resistant라고 하는데, 예를 들어, 재킷jacket이나 등산화, 시계 등 우리가 일상에서 사용하는 꽤 많은 제품이 water resistant 기능을 가지고 있다. 다만, water resistant 제품들은 waterproof 제품들에 비해 waterproof level(IP rating으로 결정)이 낮기 때문에 영구적으로 물의 영향으로부터 보호되는 것은 아니고 장시간 물에 노출되거나 빈틈crack이 있으면 crack 사이로 물이 스며들 수 있다.

한편, watertight는 물 샐 틈이 없이 단단하게 조이거나 밀봉seal 처리해서 조밀하게 만든 것을 일컫는다. 국물이 새지 않게 만든 식품 용기는 watertight하다고 할 수 있겠다. 이외에도 watertight는 문맥에 따라, 설명이나 주장이 반박할 수 없을 만큼 '빈틈이 없는'이란 의미로도 쓰일 수 있다.

☑ wide vs broad

wide와 broad는 둘 다 '넓다'라는 의미가 포함되어 있고 서로 구별 없이 쓰일 수 있다. 그래도 쓰임이 구별되는 경우가 없는 건 아니다.

wide는 물리적으로 '폭이 넓은', 또는 시간적, 공간적인 것을 포함해서 범위가 '넓은' 것을 가리킨다. 예를 들어, *a wide view*는 문자 그대로 '시야가 넓다'라는 의미로 쓰이지만, *a broad view*는 추상적 의미의 '넓은 안목 또는 식견'의 의미로 쓰일 수 있다.

a. A 15cm *wide* burger is the specialty of this place.
15cm 폭의 버거가 이 집의 전문이다.

b. This restaurant offers a *wide* variety of dishes.
이 식당은 *다양한* 요리를 제공한다.

broad는 주로 '범위가 넓다'라는 뜻으로 쓰이는데, broad에 호응이 되는 단어로는 *issue*, *view*, *knowledge* 등 다양하다.

---

c. The topic you chose for the final term paper is too *broad*.
Why don't you narrow it down?

네가 기말 리포트로 선택한 주제가 너무 *광범위해*. 좀 좁히는 게 어때?

---

d. His interests in literature are *broad*, spanning from ancient
to modern works.

문학에 대한 그의 관심은 고대 작품에서 현대 작품에 이르기까지 *광범위하다*.

PART
02

재미있는
영단어 이야기

1. 한국어의 존댓말, 영어에는 없을까?

존댓말, 존칭 표현을 영어로는 *honorific, honorific expression*이라고 부른다. 우리말은 상대의 나이나 지위, 또는 상대와의 관계에 따라 명사나 대명사, 동사 등에 변화를 주어 달리 표현하는데, '-ㅂ니다', '-요', 누구누구 '씨'와 같은 어법이 그중 몇 가지 예이다.

영어에서는 딱히 존댓말과 반말을 구별하지는 않지만, 그래도 좀 더 격식을 갖춘 공손한 표현들이 존재한다. 상대의 나이, 지위, 또는 상대와의 관계에 따라 격식을 달리한 언어register를 사용하는 것도 사실이다. 예를 들어, 상대를 부를 때, "Hey, You!"라고 하지 않고, "Sir", "Ma'am" 등의 호칭을 사용하는 것도 격식을 갖춘 공손 화법 중의 하나이다.

또한, "펜 좀 빌려주실래요?"라는 말도 거의 반말처럼 들리는 격식을 갖추지 않은 표현부터 시작해서 공손함의 정도level of politeness에 차등을 두어 다음과 같이 표현할 수 있다.

> a. Got a pen?
> b. Can I borrow your pen?
> c. May I borrow your pen?
> d. Would you mind if I borrowed your pen, please?
> e. Would you be kind enough to lend me your pen, please?

예문 a는 화자와의 관계가 가깝고 격식이 없는 경우에 사용하는 예가 되겠고, 예문 e로 갈수록 공손함의 정도를 높인 표현들이라 할 수 있는데, 사실, pen 하나 빌리는 것을 가지고 예문 e에 나온 문장을 구사한다면 상당히 어색하게 들려서 등이 오글거릴 것 같다. 지나친 공손도 예의는 아니다. 그러나, pen이 아니라 자동차 정도를 빌리는 상황이라면 허락을 받아 내기 위해 그렇게 격하게, 공손하게 표현해도 무방할 듯하다.

무엇보다도 상대와의 친밀도, 상대의 성향이나 의사를 고려해서 공손함의 정도를 달리 선택한다면 예의에 크게 벗어나지 않을 듯하다.

2. *Bubble*이 가장 먼저 쓰인 때는?

*bubble*은 '거품'이다. *economic bubble, bubble economy*는 우리말로 '버블 경제', '거품 경제'로 불리며, 비정상적인 투자나 투기 등으로 실제의 경제 가치에 비해 자산의 가격(예: 부동산, 주식 등)이 급격히 상승하는 것을 가리킨다.

bubble이라는 경제 용어가 처음 등장하게 된 것은 18세기 초 영국에 설립된 The South Sea Company 사건과 관련이 있다고 하는 것이 정설이다. 이 회사가 주식을 발행하면서 허위 정보를 퍼뜨려 주가를 띄운 후 나중에 실체가 폭로되면서 주가 폭락으로 이어진 사건을 가리킨다. 그 당시 과학자인 아이작 뉴턴도 이 주식 투기 광풍에 합류했다가 엄청난 손해를 봤다는 후문이 있다. 이러한 주가 폭락 사태에서 최초로 bubble이라는 용어가 등장했다고 한다.

인터넷 검색을 하면, 우리말로 '남해 회사 거품 사태' 또는 '남해 거품 사건' 등으로 번역되어 있는 것을 볼 수 있는데, 드물게 '남해 포말 사건'으로 번역되어 있는 사이트도 본 적이 있어서, *bubble*과 *foam*을 구별해 보는 것이 흥미로울 듯하다.

앞서 소개된 **bubble**의 의미는 비눗방울과 같이 하나하나를 육안으로 볼 수 있을 정도의 거품을 말한다.

> **a.** When filling out the scantron sheet, be sure to *bubble* your name in darkly.
>
> OMR 카드를 작성할 때 이름을 까맣게 *칠하시오*.

한편, **foam**은 작은 방울들이 잔뜩 모여서 이루어진 형태를 가리킨다. 바닷가에 밀려오는 하얀 파도는 포말foam을 일으킨다. 포말은 영어의 **foam**과 발음이 비슷하게 들리는데, '물거품'이라는 뜻의 한자어이다. 카푸치노에도 커피 위에 **foam**이 형성되어 있다. 사람이 흥분했을 때 '게거품을 물다'라는 표현을 쓰는데, 게거품도 **foam**에 해당이 되고, **foam**은 '거품을 물다'라는 뜻의 동사로도 쓰일 수 있다.

> **b.** He was shaking and *foaming* at the mouth.
>
> 그는 떨면서 입에 *거품을 물고* 있었다.

3. *California roll*과 *California stop*

california roll 하면 아보카도와 오이가 들어간 김밥을 가리키는데, *california stop*은 음식과 전혀 관계없는 용어이다. 교차로에서 지켜야 할 교통 법규와 관련된 용어 중 하나이다.

미국 교통법은 주마다 다르지만, *stop sign*이 있는 교차로를 지날 때나 우회전할 때 횡단보도 앞 정지선에서 '일시 정지'를 해야 한다고 명시하고 있다. 우리나라에서도 2022년부터 보행자 보호 의무가 강화되면서 우회전 할 때의 〈도로교통법〉이 개정되었다.

'일시 정지'란 차바퀴를 일시적으로 완전히 정지complete stop시키는 것을 의미한다. 일반적으로 3초 정도 브레이크brake를 밟고 정지했다가 보행자가 없을 때 지나갈 수 있다. 주위에 보행자가 보이지 않는다고 해서 stop sign 앞에서 일시 정지를 하지 않고 설 듯 말 듯 차를 조금씩 앞으로 움직이는 행위를 **rolling stop**이라고 부르는데, 이는 교통 법규 위반에 해당되고 적발 시 꽤 많은 범칙금이 부과된다. 캘리포니아에서는 이러한 **rolling stop**을 California stop이라고 부른다.

4. 커튼curtain을 치다(드리우다)라고 할 때 사용하는 동사는?

'커튼을 친다'라는 것은 커튼을 펴서 늘어뜨린다는 것인데, 이때 사용하는 영어 표현은 *draw the curtains*이다. 흥미로운 것은, **draw** 동사는 커튼을 치거나close 걷는open 행위를 표현하는 데 둘 다 사용할 수 있다. 그러므로 문맥에 따라 뜻을 이해해야 할 것이다. 예를 들어, "Every curtain in every house was drawn."이라고 하면, 모든 집의 커튼이 외부에서 보이지 않도록 내려져 있었다고 이해할 수 있겠다.

> **a.** The curtains were still *drawn* at noon.
>
> 정오인데 커튼이 아직 *쳐져* 있었다.

> **b.** *Draw* the curtains and let some sunlight in.
>
> 커튼을 *걷어* 햇빛이 들어오게 하세요.

커튼이나 블라인드를 치거나 걷는 뜻으로, 동사 **pull**도 사용할 수 있다.

> **c.** Will you *pull* the blinds *down*?
>
> 블라인드를 *내려* 줄래요?

> **d.** Will you *pull* the blinds back *up*?
>
> 블라인드를 다시 *걷어* 줄래요?

> **e.** All the curtains in every house were *pulled shut*.
>
> 모든 집의 모든 커튼이 *내려져 있었다*.

혼동을 피하기 위해서 **draw** 대신 **open**과 **close** 동사를 사용하는 것도

한 방법이다.

> e. All the curtains in every house were *closed*.
> 모든 집의 모든 커튼이 내려져 있었다.

5. *eat like a bird*, '새처럼 먹는다'의 진실

영어 표현 중에 *eat like a bird*는 아주 조금 먹는 사람을 일컫는 idiom 이다. 그러나 실제 많은 새가 자신들의 체중에 비해 꽤 상당한 양의 먹이를 먹는 것으로 알려져 있다. 실제로 어떤 새들은 신진대사가 매우 뛰어나서, 체력 유지를 위해 하루 동안 여러 번 먹어야 한다고 한다. 심지어, 자기 체중의 두 배 이상 되는 양의 먹이를 한 번에 먹는 새들(벌새, 독수리 등)도 있는 것으로 볼 때, 소식을 하는 사람에게 "You eat like a bird."라는 표현을 계속 써도 될지 주저하게 된다.

eat like a bird와 반대되는 뜻을 갖는 표현이 있는데, *eat like a horse* 라는 idiom이다. 왕성한 식욕으로 음식을 엄청나게 많이 먹는 사람을 가리키는 말이다.

한국어 표현 중에 '많이 먹는다'라는 의미로 "돼지같이 (많이) 먹는다."라는 표현을 쓰는 사람들이 있는데, 이를 직역해서 "He/she eats like a pig."라고 말하면 좀 다른 뜻으로 전달된다. 영어에서 *eat like a pig*는 돼지가 음식을 먹을 때 빠른 속도로 지저분하고 게걸스럽게 먹는 모습에서 연상되듯이, 돼지처럼 '게걸스럽게 마구 먹는다'라는 의미를 담고 있기 때문이다.

6. *"It's freezing cold!"* or *"It's freezingly cold!"* 어느 것이 맞는 표현일까?

일반적으로 형용사를 수식하는 것은 부사이다. '매섭게 추운'이라는 뜻을 전달할 때, *bitterly cold, extremely cold*라고 표현하는 것이 맞다. 그런데, '엄청 춥다'라는 의미로 *freezingly cold*라고 해야 문법적으로 올바를 듯하지만, 의외로 cold 앞에 형용사형인 *freezing*을 사용해서 *feezing cold*라고 하는 것이 일반적으로 쓰는 표현이다. 관용적인 표현이라서 이것은 그냥 받아들이는 게 맘 편하다.

It's *freezing* cold outside! I can't feel my fingers.

밖이 엄청 추워요! 손가락에 감각이 없어요.

7. 기쁨을 나타내는 다양한 표현

기쁨을 나타내는 표현들은 *glad, delighted, happy, pleased, satisfied* 등을 비롯해서 다양하다. 기쁨의 정도와 뉘앙스가 조금씩 다를 뿐이다.

glad는 '기쁜'을 의미하는 가장 흔한 단어로, 다른 단어들과 비교했을 때 특별히 강렬한 느낌은 없다.

a. I'm *glad* you're feeling better.

몸이 나아졌다니 *기쁘다*.

delighted는 glad보다는 좀 더 기쁨의 강도가 있어서 '아주 기쁜'으로 풀이해도 된다.

> **b.** She was *delighted* to see her childhood friend after many years.
>
> 그녀는 몇 년 만에 어릴 적 친구를 만나게 돼서 매우 *반가웠다*.

delighted의 명사형인 delight를 사용해서 기쁨을 표현할 수도 있다.

> **c.** What a *delight* and surprise when I received your mail!
>
> 너의 메일을 받고 얼마나 *기쁘고* 놀랍던지!

happy는 '행복한', '만족스러운', '기쁜'의 의미로, glad와 바꿔 가며 쓸 수 있다. 만족감과 행복함을 느끼는 경우와 강도는 사람마다 다르다 보니, 기분이 얼마나 좋으냐에 따라 목소리 톤tone을 달리해서 진심을 담아 표현하면 될 듯하다.

> **d.** I'm so *happy* to see you again!
>
> 다시 만나서 정말 *기쁘다*!

pleased는 '맘에 들다'라는 뜻으로, happy와 어감이 비슷하다.

> **e.** I am *pleased* with my current status.
>
> 나는 현재 상태에 *만족한다*.

satisfied는 '만족한'이라는 뜻으로, 원하던 것을 얻었거나 성취했을 때 느끼는 감정이라고 할 수 있다.

> **f.** After trying on several outfits, she was finally *satisfied* with the one she chose.
>
> 몇 개의 의상을 입어 본 후에, 그녀는 마침내 자신이 고른 하나에 *만족 해했다*.

이 외에도 *joyful, cheerful, contented, excited, thrilled*와 같이 기쁨을 나타내는 단어들이 다양하게 있다.

8. '싫어하다'의 뜻을 갖는 다양한 단어들

'싫어하다'라는 부정적인 의미를 담고 있는 단어들 중에 몇 개를 꼽자면, dislike, detest, hate, disgust, loathe 등이 있다. dislike는 무엇 또는 누군가를 좋아하지 않는다는 뜻이다.

> **a.** She loves salty olives even though she *dislikes* salty food.
>
> 그녀는 짠 음식은 *싫어하면서도* 짠 올리브는 매우 좋아한다.

detest는 dislike보다 강도가 더 세고, '매우 싫어하다'의 의미로 쓰인다.

> **b.** I *detest* her condescending attitude.
>
> 나는 그녀의 잘난 체하는 태도가 *너무 싫다.*

> **c.** People with disabilities *detest* being called the
> handicapped.
>
> 장애인들은 불구자라고 불리는 것을 *매우 싫어한다.*

hate는 detest보다 싫음의 정도가 비슷하거나 좀 더 강렬한 감정으로서 무엇인가를 '질색하다', '매우 싫어하다', 또는 '(사람을) 증오하다'라는 뜻의 동사로 쓰인다. hate보다는 detest가 보다 formal한 표현이라고 할 수 있다.

> **d.** He *hates* chick-flicks.
>
> 그는 여성 취향의 영화를 *매우 싫어한다.*

한편 disgust는 수동태형으로 쓰여서 '혐오스럽다', '역겹다' 등의 의미로 쓰인다.

> **e.** People are *disgusted* with their incompetent government.
>
> 국민들은 무능한 정부에 *넌덜머리가 났다.*

loathe라는 동사도 있는데, hate나 detest보다 싫어함의 강도가 센 느낌이 있다.

> **f.** She *loathes* the sound of fingernails scratching a
> chalkboard.
> 그녀는 칠판에 손톱을 긁는 소리를 *끔찍하게 싫어한다*.

dislike, hate, disgust는 명사로도 쓰일 수 있다.

9. 짝퉁이 영어로?
fake, imitation, replica 중에서 어떤 걸 쓰지?

*fake, imitation, replica*의 공통된 의미는 가짜, 모조품, 복제품으로서, 진짜의real, genuine, 원본의original 반의어이다.

fake는 명사로는 '가짜', '짝퉁' 그리고 동사로는 '가짜로 흉내 내다', '~인 체하다'라는 뜻을 갖고 있다. 영화나 드라마에 나오는 마을이나 건축물, 소품 등이 알고 보니 가짜로 만든 세트장이나 모조품fake인 경우를 흔히 발견하게 된다. 명품 가방이나 옷이 사실은 짝퉁fake인 것이 나중에 밝혀지기도 하고, 반대로 짝퉁fake인 걸 알면서도 값싼 가격과 스스로 타협하는 사람들도 있다.

가짜 제품은 진품들에 비해 값이 저렴하고 품질이 떨어져 보이는 것이 일반적이긴 하지만, **fake**를 생산하거나 소비하는 것이 항상 불법이거나 부도덕한 행위는 아닌 경우도 있다. 또한 모든 사람이 가짜fake보다 진짜

genuine를 선호하는 것도 아니다. 동물 보호 단체나 동물 애호가들 중에는 윤리적이며 친환경적 차원에서 진짜 모피real fur가 아닌 가짜 털로 만든 모피fake fur나 인조 가죽artificial leather을 생산하거나 소비하는 사람들도 있기 때문이다.

여기서 *fake, imitation*과 *artificial*은 약간의 차이가 있다. fake는 '가짜' 또는 '짝퉁'의 의미를 갖고, imitation은 '모방' 또는 '모조(품)', '짝퉁'의 의미를 지니며, artificial은 '사람이 만든', '인공적인'이라는 뜻이다. **fake**와 **imitation products**는 세심하게 관찰하기 전에는 진품original, genuine product과 차이가 잘 느껴지지 않을 만큼 비슷해 보일 수 있다.

우리가 인조 가죽이니, 인조석이라고 할 때 쓰는 '인조'는 영어로 **artificial**이라고 한다. **imitation** jewerly와 **artificial** jewerly에서처럼 '인조 보석'이라는 의미로 **imitation**과 **artificial**을 혼용하는 사람들도 있지만, 다른 한편에서는 이 둘의 차이를 분명히 제시하기도 한다. 이들의 주장은 모조품 imitation product은 진품처럼 보이기 위해 real 또는 천연 물질natural material을 좀 더 많이 사용하는 반면, 인조 제품artificial product은 성질이 다른 훨씬 더 저렴한 재료로 만든 것이라는 것이다.

마지막으로 **replica**는 원작의 모사, 원작자나 제작자에 의해, 또는 그의 감독하에 만들어진 '복제품'의 의미로 쓰인다. 예를 들어, FIFA World Cup 대회 우승팀에게 수여하는 FIFA컵은 도난 등의 우려 때문에 (실제로 1세대 트로피인 Jules Rimet Trophy는 도난을 당했었다고 한다) 대회 우승팀에게 **replica**를 수여한다. **replica**는 일반적으로 진품과 구별이 안 될 만큼 매우 흡사하게 제작한 복제품을 가리킨다.

10. 누군가 또는 무엇인가를 바라볼 때 어떤 단어가 가장 다정하고 사랑스러운 눈길을 표현하는 것일까요? look, see, gaze, glare, stare 중에서 택 1 하세요.

이 다섯 가지 동사 중에서 가장 다정하고 사랑스러운 눈길을 표현하는 것을 고르자면, *gaze*라고 볼 수 있다. gaze는 무언가 또는 누군가를 오랫동안 바라보는 것을 가리킨다. 대개는 무언가 아름다운 것을 부드럽고 다정한 눈길로 감탄하듯이 바라보는 것을 나타낸다.

*glare*는 화난 표정으로 쏘아보는 것을 의미한다. 한편, *stare*는 무엇인가 또는 누군가를 뚫어지게 쳐다보는 것인데, 일종의 호기심을 가지고 상대방이 기분 나쁠 정도로 눈을 동그랗게 뜨고 시선을 고정시키는 것을 연상할 수 있다. *staring*은 상대에게 무례해 보일 수 있으므로 삼가야 한다.

한편, *look*과 *see*는 '보다'라는 의미로서, 어감이 중립적이다. 이 둘의 차이점은 의식적으로 보느냐, 아니면 자동적으로 눈에 들어오느냐의 차이라고 볼 수 있다.

> You can *see* something without even *looking*.
> 굳이 *쳐다보지* 않고도 무언가를 *볼* 수 있다.

11. 음식이 맛있다는 표현을 다양하게 하는 법

음식을 먹을 때 음식이 맛있다는 것을 표현하기 위해 영어 학습자가 가장 자주 쓰는 표현은 아마도 *good* 또는 *delicious*가 아닐까 싶다. delicious 는 음식이 '맛있다'라는 것을 뜻한다. 맛있는 냄새가 난다고 할 때도 이 단 어를 사용할 수 있다.

> **a.** The freshly baked bread smells *delicious.*
>
> 갓 구운 빵은 *맛있는* 냄새가 난다.

delicious라는 단어만으로는 무언가 부족함이 여겨질 때 다양하게 사용할 수 있는 표현 중에는 *tasty, delightful, luscious, appetizing, palatable, savory, yummy* 등이 있다. 순서대로 차이점들을 살펴보자면, 일단 tasty 는 '맛나다'의 의미로, delicious보다는 맛에 대한 칭찬의 강도가 좀 덜하 다. 개인마다 음식에 대해 느끼는 것은 극히 주관적임을 고려할 때 음식의 종류나 아이템을 예로 들어 비교하는 것은 '음식 차별' 같아서 조심스럽기 는 하다. 그래도 예를 들어 설명을 계속 이어 가자면, 내가 자주 먹는 라면 이나 콩자반을 먹으면서 "It's delicious!"라고 감탄하는 것은 다소 과장이 있어 보인다. delicious보다는, "It's tasty." 정도로 표현하는 것이 더 적절 해 보인다.

delightful은 delicious와 비슷한 의미로 사용할 수 있겠다.

> **b.** I enjoyed a *delightful* meal at a Vietnamese restaurant.
>
> 나는 베트남 식당에서 *아주 기분 좋은* 식사를 했다.

luscious는 delicious보다 훨씬 더 강한 표현이다. 화려하면서도 맛있는 음식을 표현할 때 사용할 수 있다.

appetizing은 '입맛이 도는', '맛있어 보이는', '구미가 당기는' 등의 뜻으로 쓰인다.

> **c.** The mango cake looks quite *appetizing*.
>
> 망고 케이크가 *맛있어* 보인다.

palatable은 'palate'입천장이라는 명사의 형용사형이다. 음식이 palatable 하다는 것은 delicious한 정도는 아니지만 '먹을 만하다'의 의미를 지닌다. palatable은 여기에 언급되어 있는 단어 중에서 '맛있다'의 정도가 가장 약하다고 할 수 있다.

한편, savory는 '맛', '풍미'의 뜻을 갖는 savor의 형용사형으로 일반적으로 '간이 배어 있는', '짭조름한' 음식을 수식할 때 쓰인다. 마지막으로 yummy는 '맛있다'라는 뜻의 격의 없는 informal 표현이다.

12. 다음 단어들 중 어느 것이 가장 큰 사이즈를 표현하는 것일까요? *large, bulky, huge, enormous, immense, gigantic*

위에 제시된 여섯 개의 단어는 모두 '크다'라는 의미를 갖다. 실제 계측된 사이즈와 관계없이 '크다'의 의미가 개인의 관점에 따라 매우 주관적일 수 있으므로, 여기서 어떤 물건을 예로 들어 가면서 크기의 순서를 정하는 것은 오히려 혼동만 더 줄 수도 있을 것이다. 어떤 사람은 손가락에 끼는 다이아몬드 반지를 *huge*라고 볼 수도 있고, 자신의 방이 *small*이라고 표현할 수도 있을 테니까 말이다. 다만, 여기 나열된 형용사가 갖고 있는 어감을 이해할 수 있다면 나름대로 의미 있는 비교일 듯하다.

어쨌든, 어감만으로 이 중에서 가장 큰 사이즈를 표현하는 단어를 고르라면 *gigantic*을 꼽겠다. 그다음으로 *immense*와 *enormous*, 그리고 *huge, large, bulky* 순서로 크기의 순위를 매길 수 있겠다. **gigantic**의 의미는 '거대한', '엄청나게 큰' 등의 의미가 있다.

---

a. The statue is *gigantic* and is visible from a considerable distance.

그 동상은 *거대해서* 상당히 멀리서도 보인다.

---

immense도 **gigantic**과 비슷하다. 일반적으로 "하나님의 사랑은 헤아릴 수 없을 만큼 넓다."라고 할 때, **gigantic**을 쓸 수도 있으나, **immense**도 비슷한 효과를 전달한다.

b. The impact of the earthquake was *immense*, causing widespread damage and loss of life.

지진의 여파는 *엄청났고*, 광범위한 피해와 인명 손실을 초래했다.

c. The forest was *immense* and seemed to stretch as far as the eye could see.

숲은 *거대했고* 눈이 볼 수 있는 한 멀리 뻗어 있는 것 같았다.

그다음으로, **enormous**는 '매우 큰', '거대한'의 의미를 지닌다.

d. The task was *enormous* and took several days to complete.

그 작업은 *엄청났고* 완료하는 데 며칠이 걸렸다.

huge 역시 '거대한', '매우 큰'의 의미를 갖고 있으며, 어떤 것이든 기대한 것 이상의 사이즈를 보았을 때 흔히 사용할 수 있다.

e. His concert attracted a *huge* crowd of fans.

그의 콘서트에는 *수많은* 팬이 모였다.

f. He received a *huge* sum of money after the construction project.

그는 공사가 끝난 후 *거*액의 돈을 받았다.

한편, **large**는 규모, 양 등이 '크거나', '많거나', '넓거나' 등을 표현하고, 마지막으로 **bulky**는 부피가 큰 것을 가리킬 때 쓰인다.

g. This room is quite *large* for a studio apartment.

원룸 아파트치고는 방이 꽤 *크다*.

h. I ate a *large* serving of pasta for lunch.

나는 점심으로 파스타를 *많이* 먹었다.

i. The couch is quite *bulky*, so it would be difficult to move it through the doorway.

소파가 너무 *커서* 문을 통해 옮기는 것이 어려울 거다.

13. 주유소에서 자동차에 넣는 기름은 *oil*인가요?

국내 정유 회사들 중에는 회사 이름에 '오일'oil을 섞어서 표기하는 곳들이 있다. 'S-Oil'과 '오일뱅크Oil Bank'가 대표적이다. 회사 이름을 그렇게 지은 데는 나름의 깊은 의미와 좋은 취지가 있겠지만, 소비자들 중에는 자동차나 항공기의 연료로 사용되는 기름이 영어로 oil이라고 불린다고 오해하는 사람들도 있지 않을까 하는 생각이 가끔 든다.

자동차 연료 중 하나인 휘발유는 석유crude oil를 끓이는 정제 과정을 거쳐 나온 제품으로서, 영어로 *gasoline*, 줄여서 *gas*라고 불린다. 영국과 호주에서는 gas 대신 *petroleum*의 약자인 *petrol*이라는 단어를 사용한다. 따라서 미국에서는 주유소를 *gas station*, 영국과 호주에서는 *petrol station*이라고 부른다.

*Petrol*도 어찌 보면 '원유'의 의미를 갖는데, 주유할 때 넣는 연료를 오일로 부른다고 해서 무슨 문제가 될 것은 아니지만, 이 기회에 각기 다른 명칭의 정리를 해 두는 것도 도움이 될 듯하다.

*Oil*이라는 단어는 일반적으로, 식물에서 추출한 기름(jojoba oil, tea tree oil 등), 각종 식용유(olive oil, grapeseed oil 등), 그리고 엔진 오일engine oil 등을 가리킨다.

예전에 한국에서 지내던 한 미국 동료는 S-Oil이라는 회사 이름에 불만을 드러낸 적이 있다. 간판sign을 멀리서 보면 S와 Oil 사이의 하이픈hiphen이 보이지 않고 그저 'Soil'로 읽혀서, 자신은 처음에 그곳이 흙을 파는 곳인 줄 알았다고 꼬집었다. oil로 불리건 gas로 불리건 주유소에서 좋은 기름을 넣을 수 있기를 바라는 마음이다.

14. 패싱 passing

미디어에서 종종 *passing*이라는 단어를 듣게 된다. *Japan passing*, *China passing*이라는 표현도 등장한다. 예를 들어, 북한의 비핵화 협상에서 이 국가들을 '제외하고 있음'을 시사하는 뜻으로 passing이라는 단어를 사용하고 있는 듯하다. pass의 대표적인 뜻은 시간이나 물건, 사람이 '지나가다', '지나치다'이다. pass를 '제외하다', 또는 '무시하다'의 뜻으로 쓸 때는 대개 부사인 over와 함께 수동태로 사용할 수 있다.

> **a.** He was *passed over* for promotions for a second time.
> 그는 승진에서 두 번째 *제외되었다*.

또한, '~를 무시하고 건너뛰다'라는 뜻으로, 'bypass'라는 동사를 사용할 수도 있다. 일반적으로, 'Japan passing'으로 일본이 느끼고 있는 감정은 *feeling ignored*, *feeling left out*, *being marginalized* 등으로 대신 표현할 수 있겠다.

Passing은 이외에도 여러 가지 의미로 쓰이는데, 예를 들어, "He *passed* the exam."은 "그는 시험에 합격했다."라는 의미이고, "My father *passed away* 5 years ago."라고 하면 "제 아버지는 5년 전 돌아가셨습니다."라는 의미이다.

복도 등 사람들이 모여 있어서 지나가기가 비좁다고 느껴질 때 하는 표현으로 "(제가) 지나가도 될까요?"는 영어로, "Can I get *passed*?"라고 말하면 된다.

15. 잘생긴 외모를 표현하는 수식어들

사람의 잘생긴 외모를 표현하는 어휘들에는 *cute, pretty, beautiful, graceful, gorgeous, hot, handsome* 등이 있다. 대략 설명하자면, cute는 '매력적인'(반드시 잘생길 필요는 없음), pretty는 '예쁜'의 뜻으로 주로 쓰이며, beautiful은 cute나 pretty보다는 좀 더 감탄이 나올 만큼의 수준으로 '아름다운', graceful은 모양이나 태도, 움직임 등이 '우아한', 그리고 gorgeous는 감탄스러울 만큼 아름다운 대상을 지칭할 때, '아주 매력적인'이라는 의미로 쓸 수 있다. 그 외에 *hot*도 많이 쓰이는데, 이것은 *sexy*의 의미에 가깝다. 이 형용사들은 가리키는 대상이 사람일 수도 사물일 수도 있다.

handsome은 '잘생긴', '멋진'이라는 뜻으로 사람뿐 아니라 온갖 good-looking한 것은 다 수식할 수 있다. 다시 말해, handsome 뒤에 place, shop, city, residence, watch, town, church, restaurant 등의 단어와 호응할 수 있다. a handsome man과 같이 handsome은 여성보다는 잘생긴 남성을 표현할 때 사용되며, 남성과 여성, 사물 모두에게 '잘생긴'의 의미를 부여하고자 한다면 *good-looking*이라는 단어가 유용하다.

handsome은 '잘생긴'이라는 뜻 외에도 '많은'large amount의 의미도 갖고 있다. 예를 들어, "They paid him handsome amount of money in cash."라는 문장은 "그들은 그에게 현금으로 많은 돈을 지불했다."라고 번역된다. 그러므로 handsome salary는 '잘생긴' 급여가 아니라 '두둑한' 급여로 이해하면 된다.

> **a.** It's such a *beautiful* day.
>
> 정말 *멋진* 날이다.

> **b.** He was quite tall and *handsome*, looking like a movie star.
>
> 그는 키가 크고, *잘생겼는데*, 영화배우 같았다.

> **c.** The agent paid me a *handsome* salary.
>
> 그 에이전트는 내게 *많은* 급여를 지불했다.

16. '작다'의 의미를 갖는 다양한 표현들

'작다'라는 뜻의 형용사에는 대표적으로 *little*, *small*, *petite*, *tiny*, *minute* 등이 있다. 위의 단어들 중에서 가장 작은 의미를 갖는 단어는 minute이다. 그다음 tiny, petite가 뒤를 잇고, small과 little이 거의 비슷한 수준으로 작다는 의미를 지닐 수 있겠다.

어떤 대상이 '작다' 또는 '크다'라고 표현될 때, 그것을 묘사하기 위한 어휘의 선택은 개인의 관점에 따라 달라질 수 있다. 따라서, 예문에서 제시된 대상들의 실제 크기를 가지고 비교 대상으로 사용할 수는 없으므로, 예문을 이해할 때는 그 사실이 고려돼야 한다.

일단 little과 small은 둘 다 '작다' 또는 '적다'의 뜻을 갖는 비슷한 단어이나, 쓰임에 있어서 구별이 필요하다. little은 '~이 거의 없다'라는 의미로도 쓰인다. 특히 셀 수 없는 명사uncountable noun와 함께 온다. 그리고,

little에는 '귀여운'의 긍정적인 의미도 들어 있다.

a. She felt a *little* nervous before her big presentation.

큰 발표를 앞두고 그녀는 *조금* 긴장했다.

b. He had *little* money left after paying all his bills.

그는 청구서를 모두 지불하고 나니 남은 돈이 *거의* 없었다.

c. The tiny bird had a *little* nest in the tree.

그 작은 새는 나무에 *작은* 둥지를 틀었다.

small은 규모나 양에 있어서 '작다' 또는 '적다'라는 의미로 쓰인다.

d. My apartment is *small* but cozy.

내 아파트는 *작지만* 아늑하다.

e. She has a *small* collection of vintage books.

그녀는 빈티지 책들을 *조금* 모아 놓았다.

petite는 사람이나 사물의 체구나 작다는 뜻이다. 대개는 작은 체구를 무시하는 부정적인 뉘앙스라기보다는 긍정적인 뉘앙스를 갖는다.

f. I ordered a *petite* size dress, but it is still loose around the waist.

나는 *작은* 사이즈 드레스를 주문했는데, 허리둘레가 여전히 헐렁하다.

g. She is *petite* but has a strong personality.

그녀는 (체구가) *작지만* 강한 성격을 지녔다.

tiny는 사이즈가 '매우 작다'라는 뜻이다.

h. The *tiny* bug was difficult to see with the naked eye.

작은 벌레는 육안으로 보기가 어렵다.

i. He is physically big, but emotionally *tiny*.

그는 육체적으로는 크지만, 감정적으로는 아주 *작다*.

minute은 시간의 '분'이라는 뜻도 가지고 있지만, 육안으로 보이지 않을 정도로 '미세한', '매우 작은' 것을 가리키고, 시간의 '분'과 구별해서 '**마이늣**[maɪnjuːt]'으로 발음한다.

j. The scientists had to use a microscope to observe the
minute details of the organism.

과학자들은 유기체의 *미세한* 부분들을 관찰하기 위해 현미경을 사용
해야 했다.

17. (TV, 오디오 등의) 소리를 키워 주실래요?: *turn up*

전기 기구를 '켜다', '끄다'라고 할 때는 *turn on*과 *turn off*를 사용한다
는 것을 많은 영어 학습자가 알고 있을 텐데, TV나 audio 등의 볼륨(소리)
을 올려 달라는 말은 영어로 어떻게 할까?

turn 뒤에 부사 up을 붙여서 *turn up*이라고 쓰면 된다. turn up은
turn on/off와 마찬가지로 많이 쓰이는 구동사phrasal verb이다.

a. Can you *turn* it *up*?

소리 좀 *키워* 주실래요?

✔ 여기서 turn up은 기계 등의 음향을 더 크게 해 달라는 뜻이고, 사
람에게 목소리를 좀 더 크게 해 달라고(목소리를 높여 달라고) 요청
할 때는, "Can you speak up, please?" 또는 "Can you speak
louder?"라고 표현한다. 그리고 turn up/turn down은 '난방의
온도를 올리다/내리다'라고 말하고 싶을 때도 사용할 수 있다.

b. Can you *turn* the heating *up/down*, please?

난방(온도) 좀 올려/*내려* 주실래요?

turn up은 이 밖에도 나타나다 appear, 일어나다 happen 등의 의미로도 쓰인다.

c. Quite a number of people *turned up* at the demonstration site.

꽤 많은 사람이 시위 현장에 *나타났다*.

18. *take a hit*를 '히트를 치다'라고 해석하면 될까요?

정답부터 말하자면 "No!"다. hit의 의미를 먼저 살펴보자면, 동사로는 '때리다', '타격하다'의 의미가 있고, 명사로는 '타격'의 뜻을 지닌다. take a hit의 의미는 '타격을 **입다**'이다.

a. The hotel *took a direct hit* from a bomb.

그 호텔은 *직격탄을 맞았다*.

b. My investment has *taken a hit* lately, so my finances are tight.

내 투자가 최근 *타격을 입어서*, 재정이 빠듯하다.

> **c.** The politician's reputation *took a hit* after the scandal was
> exposed.
>
> 스캔들이 폭로된 후 그 정치가의 명성은 *타격을 입었다.*

한편, **hit**를 사용해서 '빅 히트를 치다', '큰 인기를 얻다'라는 의미를 전달하고 싶을 때는, **make a big hit** 또는 **be a big hit**로 표현하면 된다.

> **d.** The comedy show *made a big hit* across the country.
>
> 그 코미디 쇼는 전국적으로 *큰 인기를 얻었다.*

> **e.** The author's book *made a hit* and became a bestseller.
>
> 그 저자의 책은 *히트를 쳐서* 베스트셀러가 되었다.

19. *wear* 하나면 '입다', '쓰다', '신다', '차다'를 다 표현할 수 있다

한국어로, 옷은 '입는다', 모자는 '쓰다', 신발은 '신다', 시계는 '차다', 스카프는 '두르다', '매다'라고 표현한다. 무엇을 신체 어느 부위에 착용하느냐에 따라 뒤에 따라오는 동사가 다르게 쓰인다.

그러나 영어에서는 **wear**라는 단어 하나면 표현이 충분하다. 영어는 풍부한 어휘를 자랑하고 있지만 한편으로 단순하고 유연한 특징도 가지고 있는데, 이 경우는 영어의 그런 단순함과 유연성을 나타내는 하나의 예로 보인다.

메릴린 먼로(Marilyn Monroe)가 1952년 어느 인터뷰에서 "잠잘 때 무엇을 입나요(What do you **wear** to bed)?"라는 질문을 받고, "Chanel No. 5."라고 대답했다는 일화는 꽤 유명하다. 향수를 뿌리고 있는 상태도 wear 동사를 사용할 수 있는 것이다.

착용 대상	한국어	영어
옷을	입다	put on (wear)
모자, 안경, 마스크를	쓰다	
목걸이, 귀걸이를	걸다	
스카프, 넥타이를	두르다, 매다	
장갑을	끼다	
반지, 시계, 벨트를	차다	
양말, 구두, 신발을	신다	
립스틱을	바르다	
화장을	하다	
로션, 화장품, 연고를	바르다	
배지badge를	달다	

여기서 **wear**는 '착용하다', '착용하고 있다'라는 뜻으로서, 착용하고 있는 상태를 말하고, 착용하는 동작, 행동을 강조하려면 구동사phrasal verb인 *put on*을 사용하면 된다. **put on**의 반의어인 '벗다' 또는 '벗기다'는 *take off*이다.

a. I *took off* the jacket and *put on* my home clothes.

나는 재킷을 벗고 집에서 입는 옷을 *입었다*.

b. She was *wearing* a lavish silk dress and high heels.

그녀는 화려한 실크 드레스에 하이힐을 *신고 있었다*.

c. If you are *wearing* make up, use this cleanser.

화장을 *하고 계시다*면 이 클렌저를 사용하세요.

d. If you are going to be in the sun for long, *wear* a sunblock lotion.

햇볕에 장시간 있을 거라면 햇빛 차단 로션을 *바르세요*.

e. The man was *wearing* dark green suit and *carrying* a bag.

(주의: 가방을 들 때는 **wear**를 쓰지 않는다.)

그 남성은 짙은 녹색 양복을 *입고* 가방을 *들고* 있었다.

한편, '옷을 입다'의 의미로 **wear** 외에도 **dress**라는 동사를 사용할 수 있다. **dress**는 자동사 또는 타동사로 쓸 수 있어서, '옷을 차려입다' 또는 '옷을 입히다'의 의미로 쓸 수 있다.

f. She appeared *dressed* entirely in black.

그녀는 완전히 검은색 옷을 입고 나타났다.

g. The girl was *dressing* her doll in a pink dress.

그 소녀는 인형에게 분홍색 드레스를 입혀 주고 있었다.

h. I tried to be *dressed* in my best clothes for the reception.

나는 연회를 위해 가장 좋은 옷을 입으려고 노력했다.

Index

Bibliography

임윤경 (2015). 한국식 영어 바로잡기: Confusing words, 서울: 신아사.

British National Corpus (n.d.) https://www.english-corpora.
org/bnc/

Bryson, B. (1990). Mother tongue, London: Penguin Books.

Crystal, D. (2019). The Cambridge encyclopedia of the English
language (3rd Ed.). Cambridge: Cambridge University Press.

Greet, W. C., Jenkins, W. A., & Schiller, A. (1969). In other
words: A Junior thesaurus. Glenview, IL: Scott, Foresman
and Company.

Harmer, J. (2015). The practice of English language teaching.
(5th Ed.). Essex, England: Pearson Education Limited.

Richards, J. C., & Schmidt, R. (2010). Longman dictionary
of language teaching & applied linguistics. (4th Ed.). Harlow,
Great Britain: Pearson Education Limited.

Confusing Words 2: 영어 어휘의 미묘한 속뜻 차이

1판 1쇄 발행 2023년 8월 25일
지은이 임윤경 **표지 디자인** 이대중

교정 주현강 **편집** 윤혜원 **마케팅·지원** 김혜지
펴낸곳 (주)하움출판사 **펴낸이** 문현광

이메일 haum1000@naver.com **홈페이지** haum.kr
블로그 blog.naver.com/haum1000 **인스타** @haum1007

ISBN 979-11-6440-393-6(13740)

좋은 책을 만들겠습니다.
하움출판사는 독자 여러분의 의견에 항상 귀 기울이고 있습니다.
파본은 구입처에서 교환해 드립니다.